선생님을 위한

# 애도 수업

선생님을 위한

# 애도 수업

초판 1쇄 발행 • 2023년 11월 3일

지은이 • 김현수, 위지영, 이윤경, 김대운
펴낸이 • 김종곤
편집 • 이혜선, 최윤영
조판 • 이주니
펴낸곳 • (주)창비교육
등록 • 2014년 6월 20일 제2014-000183호
주소 • 04004 서울특별시 마포구 월드컵로12길 7
전화 • 1833-7247
팩스 • 영업 070-4838-4938 / 편집 02-6949-0953
홈페이지 • www.changbiedu.com
전자우편 • contents@changbi.com

ⓒ 김현수, 위지영, 이윤경, 김대운 2023
ISBN 979-11-6570-228-1 03370

# 선생님을 위한
# 애도 수업

김현수 위지영 이윤경 김대운 지음

창비

# 슬픔과 애도의 순간에
# 서로 돕고 함께하기 위하여

## 모두가 힘든 시기입니다

학교는 매일 힘듭니다. 날로 커지는 여러 고민들로 인해 챙겨야 할 일이 갈수록 많아지고 있습니다. 특히 최근에는 학생들부터 젊은 선생님들까지 안타까운 죽음이 계속되어 모두가 슬픔과 애도의 나날을 보내고 있습니다.

선생님들은 학교에서의 상실과 아픔을 어떻게 애도해야 하는지 몰라 힘겨워하십니다. 어찌 보면 2023년의 뜨거웠던 여름, 위안을 받기 위해서 많은 선생님들이 모였던 것 같기도 합니다.

3년간 지속된 팬데믹으로 닫혀 있었던 학교가 새롭게 열리자마자 연이어 일어난 선생님과 학생의 죽음 그리고 사회적 참사와 전쟁 소식 들로부터 우리의 마음을 어떻게 돌봐야 할지 모르겠다는 연락을 정말 많이 받았습니다. 우리의 마음은 지금 정말 힘든 순간을 지나는 중입니다.

**애도의 시간을 제대로 보내고 싶다는 수많은 요청이 있었습니다**

세월호 참사를 기점으로 우리 모두가 겪고 있는 슬픔을 그냥 지나칠 수 없다는 선생님과 학생들, 학부모님들이 늘어나면서 다 함께 참여할 수 있는 사회적 애도에 대한 요청이 거듭되었습니다. 또 학생들의 자살 사건에 대해 어떻게 하면 학교에서 애도할 수 있을지를 알고 싶다는 선생님들도 많았습니다. 이 책을 쓰게 된 첫 번째 동기는 그런 분들에게 여러 조각으로 나누어 드리던 자료들을 한데 모아 책으로 드리고 싶었던 마음이었습니다. 참 기쁘게도, 이런 마음에 동조한 여러 현장 선생님들이 함께 참여하여 만들게 되었습니다.

**사회적 참사를 함께 애도하기 위하여**

이 책을 쓰게 된 또 하나의 동기는 반복되는 우리 사회의 참사 때문이었습니다. 사회 전체가 함께 아파해야 하는 일들이 전보다 자주 벌어지고 순식간에 학생들 사이에서도 공유됩니다. SNS와 스마트폰의 세계에서 학생들만 귀를 막고 사는 것이 아니니까요.

잇따른 사회적 참사로 교실에서 아이들의 불안과 공포, 슬픔과 분노를 보살피고 또 애도를 나누어야 할 순간들이 늘어났습니다. 무거운 공기 속에 선생님들께서 학생들에게 슬픔과 애도에 대하여 지도해야 할 상황도 생겨났습니다. 애도의 안내자로서, 교실의 어른으로서 두려움이 아니라 관심으로, 회피가 아니라 기억과 배려로, 망각과 배제가 아니라 사회적 지지로 아이들을 안내할 수 있도록 도움을 요청한 선생님들이 많이 계셨습니다.

사회적 참사가 우리를 덮쳤을 때 인도주의 차원에서

1. 함께 슬퍼하기

2. 서로 지지하고 돕기

3. 모두 협력하기

이 같은 공동체성을 전달하고 싶은 선생님들의 바람을 모아 이 책을 쓰고자 했습니다.


### 슬픔은 나누고 애도는 따뜻하게

그래서 이 책에서는 힘든 일이 일어났을 때 자연스럽게 찾아온 슬픔이 우리를 너무 아프지 않게 하면 좋겠다는 이야기를 나누고자 합니다. 슬픔을 억압하고 숨기면 후일 마음의 병이 됩니다. 슬픔은 꺼내어 나누어야 합니다.

힘든 일로 인하여 생겨난, 슬픔을 포함한 여러 감정과 생각 들이 우리 인생에 미치는 영향까지 잘 다루어야 합니다. 그러기 위해서는 이 모든 것이 담긴 애도의 과정에 따뜻한 온기가 있어야 합니다. 따뜻한 애도가 제때에 충분한 정도로 이루어져야 합니다. 그래야 후일 인생에서 피할 수 없는 슬픔과 상실이 찾아올 때도 건강하게 반응할 수 있습니다.

이 책에서 말하는 따뜻한 애도는

1. 애도자의 권리를 존중하고

2. 슬픔을 다양한 방식으로 표현하는 것을 인정하며

3. 경험하고 표현되는 많은 현상들을 모두 증상이나 징후로 단정 짓지 않고

4. 개방된 마음으로

5. 자신과 타인의 아픔과 슬픔을 잘 보살피며

6. 마지막으로 우리 모두가 너무 힘들지 않게, 자연스러운 자신만의 방식으로 감정을 진실하게 경험할 수 있도록 돕는 것을 말합니다.

모쪼록 이 책의 안내가 거름이 되어 어른들의 품속에서 아이들의 슬픔이 성장의 작은 씨앗이 되길 바랍니다. 그런 마음으로 함께 읽어 주시면 좋겠습니다. 나아가 학교 구성원 모두와 유가족의 슬픔이 이 책을 통해 잘게 부서지고 녹아 우리 안에 스며들어, 따뜻한 애도의 온기를 서로에게 전할 수 있기를 바랍니다. 우리가 살아가는 현실 속 여러 공동체에서 그 온기가 널리 퍼져 나가기를 진심으로 기원합니다.


**실제로 도움이 되었으면 하는 바람**

이 책의 구성과 내용은 학문적인 서술과 격식을 갖추기보다는 독자들이 책을 실천적으로 활용하는 데 초점을 맞추었습니다. 어렵지 않게 읽히면서, 선생님들의 마음을 편안하게 함으로써 진실한

애도 과정에 도움이 되었으면 합니다. 슬픔과 애도의 상황이 닥쳤을 때 긴요하게 도움이 된다면 더할 나위 없을 것입니다.

이 책은 현장에서 학생들을 만나고 상담하고 보살피고 수업하는 세 명의 교사 위지영, 이윤경, 김대운 선생님 그리고 정신 건강 의학과 의사인 제가 함께 만들었습니다.

많은 부분은 제가 썼고 세 선생님의 조언과 피드백에 따라 수정을 거쳤습니다. 선생님들의 마음은 한결같았습니다. 부디 학교 현장에 계신 선생님들이 슬픔을 나누고 따뜻한 애도를 하는 과정에서 아이들에게 평화로운 마음을 전하고 선생님들도 그런 마음 상태로 계셨으면 좋겠다는 마음 말입니다.

**감사를 전합니다**

더불어 급작스러운 제안에도 불구하고 이 책의 필요성을 알아봐 준 창비교육 편집부에 감사의 말씀을 전합니다. 그리고 '성장 학교 별'과 사단 법인 '별의 친구들'의 동료들, 서울시 자살 예방 센터 주지영 선생님과 그 동료들, 안산 트라우마 센터 정해선 부센터장님과 동료들께 감사드립니다. 우리 가족들의 토론과 피드백도 늘 중요한 지침이 됩니다.

실제로 책을 만드는 과정에서는 김선옥 선생님과 홍주연 선생님의 도움을 많이 받았습니다. 세월호 참사와 이태원 참사 피해 가족

분들에게도 감사드립니다. 마지막으로 슬픔과 애도를 따뜻한 메시지로 전하고자 하는 모든 선생님들과 동료분들에게 감사를 드리며 이 책이 작으나마 도움이 되었으면 합니다.

2023. 10.

저자를 대표하여

김현수 올림

# 차례

## 1부
## 슬픔과 애도 이해하기

# 2부

# 슬픔과 애도 실천하기

# 왜 교실에서 애도를
# 다루어야 할까?

위지영

### 1

2022년 10월 29일 참사가 일어난 다음 날 아침, 서로의 안부를 묻는 연락이 빗발쳤다. 이태원에 갔던 선생님은 없는지, 학생들은 괜찮은지, 주변 사람들을 바쁘게 챙겼다. 시간이 지날수록 사망자 수가 점차 늘어나는 것을 보며 어떻게 이런 일이 벌어질 수 있는지 이해되지 않았다. 무질서한 시민 의식 수준에서 아직도 벗어나지 못했다는 자조 섞인 비난과 귀신을 따라 하는 서양 행사를 추종한 것부터 잘못이라는 원색적인 공격을 넘어 약물 중독이 사망 원인이라는 악의적인 가짜 뉴스도 떠돌았다. 사고의 책임을 누구에게 지울 것인가에 초점이 맞춰졌을 뿐 정작 유가족의 마음을 헤아리는 일에는 관심이 너무 부족하고 소홀했다. 실시간으로 업데이트되는 참사 소식을 지켜보는 가운데 어느새 세월호 참사가 기억의 수면 위로 떠올랐다.

2

2014년 세월호 참사 때 나는 초등 1학년 담임이었다. 매일 온 국민이 세월호 참사를 실시간으로 지켜보았고 미디어는 반복적으로 자세하게 참사를 보도했다. 부모와 함께 뉴스를 보다가 아침에 등교한 아이들의 눈에 눈물이 그렁그렁 맺혔다. 사건이 규명될수록 무책임한 어른들의 행태와 가짜 뉴스로 인한 혼란으로 신뢰와 안전이라는 가치는 찾아보기 힘들었다. 슬픔과 불안이 가득한 얼굴로 책상에 앉아 있는 아이들을 보며 어떤 말을 해 주어야 할지 막막했다. 그렇다고 아이들에게 이제 그만 힘들어하고 교과서 펼치고 공부하자고 할 수는 없었다. "기다려 보자, 괜찮을 거야. 아직 희망이 있어."라는 위로의 말을 전했지만 나조차 그 말이 허공으로 붕붕 떠다니는 것 같았다. 아이들이 정서적으로 힘들어하는데 학교에서 어떻게 도와야 좋을지 몰랐다. 함께 사건을 목격했고 사건으로 인해 모두가 큰 영향을 받았지만 그로 인한 힘든 감정은 각자 알아서 처리해야 했다. 우리가 느끼는 슬픔, 무력감, 분노 등의 감정이 시간의 더께에 덮여 잊히기를 바랄 뿐이었다.

3

최근 선생님들과의 모임에서 어느 분이 자신은 이태원 참사에 관한 애도 수업을 할 자신이 없다고 했다. 학교에서 애도 수업을 할 경우 혹시 학부모로부터 학교가 정치적 중립을 지키지 못했다고 비난을 받을까 봐 선뜻 용기가 나지 않는다고 했다. 학생들의 마음을 헤아릴 틈 없이 학교 업무와 일상으로 바빴다며 이태원 참사가 정치 쟁점화되기 전에 미리 애도 수업을 했으면 좋았겠다는 선생님도 있었다.

교사들이 애도와 추모를 부담스러워한다면 그 이유는 여러 가지일 것이다. 많은 교사들이 학교를 다녔을 당시 교실이라는 공적 공간에서 자기감정을 표현하고 마주한 경험이 없기 때문에 애도 수업의 필요를 느끼지 못한 것도 이유의 하나일 수 있다. 우리는 그동안 감정을 드러내는 것을 조심스러워하고 특히 부정적 감정은 개인이 알아서 처리하는 것으로 외면해 왔기 때문이다. 또한 교사 자신도 아직 참사에 대해 생각하고 느낀 것을 표현할 준비가 안 되었거나 아이들이 털어놓는 다양한 반응과 생각을 받아 줄 마음의 준비가 부족하기 때문일 수도 있다. 그럼에도 교실이 우리 모두가 영향을 받고 있는 참사에 대해 자신의 마음을 있는 그대로 내보일 공간이 된다는 것은 중요한 의미가 있다.


4

아이들은 사회적 참사가 주는 공포와 두려움을 어른보다 더욱 크게 느낀다. 인지적 영역의 발달이 완료되어 감정 조절이 가능한 어른들과 다르다. 아이들은 사건의 전후 맥락을 살피거나 자신의 감정을 조절하고 스스로를 돌보는 능력이 충분하지 못해서 부모가 불안하면 아이들은 부모의 감정에 쉽게 전이되고 더 많이 불안해한다. 이태원 참사 다음 날 교실에서 만난 초등 4학년(2013년생) 아이들은 세월호 참사가 생각난다고 말했다. 정확한 기억이 나지 않을 나이였는데도 이야기를 많이 들어서 알고 있다고 했다. 앞으로 또 이런 일이 생기면 어떻게 하나, 자라서 어른이 될 때까지 안전하지 않을까 봐 걱정된다고도 했다. 충격과 불안을 느낀 아이들이 자기 마음을 있는 그대로 표현할 시간을 주는 것이 필요했다.

5

감정은 우리의 신체적·정신적 건강에 영향을 미친다. 특히 스트레스, 불안과 같은 부정적인 감정은 우울증과 불면으로 이어지는 건강 문제를 일으킬 수도 있다. 감정이 우리 삶에 어떻게 작용하는지 이해하고 그것을 효과적으로 관리하는 방법을 배우는 것은 매우 중요하다. 학교에서 아이들이 슬픔과 불안을 표현하고 그러한 감정을 다룰 수 있도록 돕는다면 아이들은 건강한 정서를 지닌 사람으로 성장할 수 있을 것이다.

# 교사를 위한
# 애도 지침서의 필요성

이윤경

2022년 10월 29일 토요일 늦은 밤, 참사 소식을 접하고 황망한 소식에 잠을 설치며 주말을 보냈습니다. 월요일 아침에 만난 선생님과 상담실에 오는 아이들에게 안부를 물어보고 감정을 나누었습니다. 인천은 서울에서 떨어져 있어서인지 다행히 아이들은 큰 동요 없이 지내고 있었습니다('다행'이라는 단어가 유가족이나 생존자에게 상처가 될까 봐 조심스럽습니다.). 아이들에게 몇 분의 선생님이 수업을 시작하기 전 참사와 관련된 이야기를 간단히 해 주셨다고 들었습니다. 추모 주간이니 행사를 자제하라는 내용과 심리 지원을 위해 코로나 기간 중에 안내하던 트라우마에 대한 자료를 참사에 맞추라는 내용의 공문이 왔기에 각 학급에 게시물을 배부했습니다.

감정은 수시로 일렁이고 생각은 정리가 잘 되지 않았지만 조용히 지나간 한 주였습니다. 또 이렇게 지나가는 건가? 원래 이렇게 반복되는 건가? 이렇게 지나가도 괜찮을까? 여러 물음 속에서 길을 잃고 있을 때 '관계의 심리학을 공부하는 교사들의 모임' SNS에 애도에 대한 연수, 수업 준비를 함께할 교사를 찾는 글이 올라왔습니다.

세월호 참사가 있던 2014년 상반기에 저는 교사를 대상으로 한 '감정 코칭' 교육을 받고 있었습니다. 안산에 긴급 심리 지원을 다녀오신 강사님께서 세월호 참사를 접한 사람은 누구나 그 마음을 나누고 상처를 보듬을 필요가 있다고 하시며 집단 활동을 제안하셨습니다. 포스트잇에 감정을 적고 한 사람씩 불편했던 감정을 나누는 간단한 활동이었습니다. 80여 명의 교사들이, 알고 있던 감정을 말할 때는 서로 공감했지만 알아채지 못했던 감정을 말할 때면 방어했던 마음을 돌아보며 통찰할 수 있었습니다.

그 경험 덕분에 정리라도 돕겠다는 마음으로 연수 준비 모임에 지원했습니다. 모임의 시작은 김현수 선생님께서 추천해 주신 책을 나누어 읽고 정리하는 것이었습니다. 추천해 주신 책에는 사회적 참사에 대한 애도뿐만 아니라 애도자의 애도 과정, 애도자를 동반자로서 돕는 자세, 애도 상담에 대한 내용도 있었습니다. 사별과 참사를 경험하셨던 분들이 추천하신 책이었는데, 책 속에서 사별자의 경험과 감정을 무겁게 따라가며 그동안 애도에 대해 제가 잘못 알고 있던 부분, 알고 있었다면 더 좋았을 내용을 배울 수 있었습니다. 가장 감사한 일은 정리한 자료를 관심 있는 교사들과 나누는 시간을 통해 교사로서, 그리고 사회의 구성원으로서 같은 고민과 감정을 공유한 것입니다. 참사에 대해 시민으로서 안전을 보장받지 못한다는 분노, 시스템 부재와 오작동에 대한 당혹감, 보호받지 못한 채 상처와 슬픔을 견디는 유가족과 생존자를 보며 전달받는 대리 외상, 이런 상황을 학생들에게 어떻게 전해야 할지 어떤 자세를 취해야 할지 몰라 느끼는 불안함과 미안함 등을 나누며 서로 공감하고 위로할 수 있었습니다.

복잡한 감정이 정리될수록 생각은 더욱 넓어졌습니다. 자녀를 잃은 동료 교사, 교통사고로 자녀를 잃은 부모와 형제, 부모님을 잃은 학생, 반려동물을 떠나 보낸 이들 등은 삶의 과정에서 경험한 죽음과 애도의 순간을 돌아보며 일상에서 상실과 사별에 대해 어떻게 접근할지, 그 과정에서 학교와 교사의 역할은 무엇일지에 대해 고민을 나누었습니다. 이후 관련 자료를 찾아보니 미국, 캐나다, 호주 등 다른 나라에는 애도 상담과 관련된 전문 인력과 기관 그리고 자료가 매우 많았습니다. 하지만 비슷한 내용의 반복이 많았고 정작 우리 학교 현장에 참고할 좋은 자료는 많지 않았습니다.

그래서 김현수 선생님께서 교사와 학생들의 애도를 도울 수 있는 책을 계획하신다는 말씀을 들었을 때 반가움이 컸습니다. 이 책은 같은 고민 속에서 찾아본 자료를 정리해 놓은 만큼 다양한 애도 상황에서 그때그때 다시 펼쳐보고 생각을 정리할 길잡이가 되길 바랍니다. 학생을 돕고자 노력하는 선생님의 고민은 덜고, 시간은 절

약해 주는 책이면 좋겠습니다. 그래서 선생님의 건강과 안녕에 도움이 되길 욕심내 봅니다. 선생님을 통해 학생들은 학교를 안전하게 느끼고 생각을 자유롭게 표현하며 충분히 자기 방식의 슬픔과 애도 과정을 지날 수 있을 것입니다.

# 안전한 사회 속에
# 살고 있다는 느낌

김대운

제자의 죽음을 접한 선생님들을 만나 이야기를 들었습니다. 학교와 학부모들은 되도록이면 아이의 죽음을 밖으로 알리지 말라고 당부한다고 합니다. 이 와중에 선생님이 받은 슬픔과 충격은 혼자서 감당해야 합니다. 그렇게 선생님은 아이의 죽음을 제때 애도하지 못하고 모든 게 자신의 책임인 것같이 아파하다 공황 발작까지 나타나곤 한다 합니다. 안타까움을 넘어 화가 났습니다. 우리는 왜 함께 슬퍼하지 못하고, 충분히 애도하지 못할까요? 제자를 잃은 교사들은 무엇을, 어떻게 해야 할까요?

자살이 발생하면 학교에서 어떤 조치를 취해야 하는지 구체적으로 제시된 매뉴얼들은 많습니다. 하지만 유가족뿐만 아니라 고인의 친구와 선생님 들이 어떻게 슬퍼해야 할지, 어떤 마음가짐으로 서로를 돌보고 살펴야 하는지는 각자의 몫으로 남겨집니다. 담당 학급의 학생이 가족 누군가와 사별했을 때, 담임 교사는 어쩔 줄 몰라

선생님의 글

합니다. 그저 도와주고 싶은 마음에 상담 선생님에게 가 보라고 아이를 상담실에 보내지만, 아이는 자신이 왜 상담실에 가야 하는지 모른 채 담임 선생님을 원망하며 아무 말 하지 않고 있다가 돌아가기도 합니다.

하물며 사회적 참사라고 불리는 세월호 참사, 이태원 참사 때는 희생자와 직접적인 연결 고리가 없음에도 아이들은 트라우마에 시달렸고 시간이 지난 후에도 그 상처와 아픔은 쉬이 잊히지 않았습니다. 정부는 일방적으로 애도 기간을 선포하고 자신들의 방식으로 참사를 마무리하려 했습니다. 울분에 찬 유가족을 조롱하고 분향소를 훼손하고 난동을 부리는 사람들까지 뉴스에서 접하면 매우 혼란스럽습니다. 교사는 학생들에게 무엇을 가르쳐야 할지 어떻게 함께해야 할지 막막합니다. 참사를 언급하거나 희생자를 애도하는 순간, 정치적인 교사라는 딱지가 붙기도 합니다.

오늘도 누군가는 상실을 경험하고 있을 것입니다. 제자와 동료를 잃고 돌덩이로 가슴을 짓누르는 듯한 마음에 몇 번이나 일을 그만둘까 생각한다는 선생님이 떠오릅니다. 생명 존중 교육과 안전 교육 의무 시간은 늘어났지만 정작 우리는 안전한 사회에 살고 있음을 느끼지 못하고 있습니다. 김현수 선생님과 함께 공부하고 나눈 '선생님을 위한 애도 수업'이 비탄에 찬 학교와 사회를 조금이나마 따스하게 채워 주길 바랍니다.

# 따뜻한 애도가
# 필요한 이유

**슬픔과 불안을 녹여 주는 따뜻한 애도의 숲이 되어 주세요!**

우리 모두는 살면서 어쩔 수 없이 슬픔과 자주 만납니다. 마치 비 오고 눈 오는 날을 만나는 것처럼 말입니다. 슬픔이 찾아왔다 떠나가기도 하고, 또 어떤 슬픔은 떠나지 않은 채 오래 머물기도 합니다.

잘 기억하지 못할 뿐이지 이런저런 일로 우리 자신도 여러 슬픔을 겪었고 부모님이나 주변 분들이 크게 슬퍼하는 것을 보기도 했을 겁니다. 그런 과정에서 같이 아파하고 힘들어하고 또 서로 위로하고 격려하고 도우며 살아왔지요.

그런데 현대 사회에 들어와서 슬픔을 만나는 양상이 이전과는 다른 방식으로, 거칠게 변하고 있습니다.

첫째, 큰 슬픔이 우리를 더 자주 찾아오고 있습니다. 사회가 도시화·산업화 되면서 일어나는 대형 참사들로 인해 큰 사회적 아픔과 슬픔을 마주해야 하는 일이 드물지 않게 생겨납니다.

둘째, 과거에 비해 슬프고 힘든 사건·사고에 더 자주, 다양하게 노출됩니다. 미디어의 발달로 어린이들도 온갖 소식을 실시간으로 들을 수 있게 되었습니다. 스마트폰 등으로 재난이나 참사 장면에 노출되는 일이 흔하게 일어납니다. 이에 충격을 받거나 놀라는 아동·청소년이 적지 않습니다. 비극적 사고 장면에 대한 간접 노출, 즉 매체를 통한 시청만으로도 외상 후 스트레스 경험이 가능하다는 연구 결과도 나오고 있습니다.

셋째, 슬프고 힘든 사건·사고로부터 더욱 깊은 영향을 받고 있습니다. 다른 사람들의 슬픔이나 상실감, 낭패감이 퍼지고 스며들어 마치 감염되듯이 영향을 받습니다. 대형 사회적 참사의 경우는 더 그렇습니다. 과거보다 큰 슬픔에 대한 영향을 더 깊게 나누면서 살아가게 되었습니다.

넷째, 슬프고 힘든 사건·사고에 잘 슬퍼하지 못하고 애도를 잘 못 경험하는 바람에 질병이 생기기도 합니다. 불행한 사건이나 예기치 않은 사고 등으로 인해 유가족 및 피해자와 그 가족, 생존자와 그 가족, 관련 근무를 하는 다양한 직무와 직급의 관련자들 그리고 그 주변의 지인과 친구 등이 힘든 시간을 보내게 됩니다. 때로는 다루기 힘든 감정들이 생겨나고 이는 질병으로 발전하기도 합니다. '외상 후 스트레스 장애'는 이제 낯선 용어가 아닙니다. 특히 아이들은 애도 과정을 어려워할 수도 있어서 어린 시기에 만난 슬픔, 상실감, 마음의 상처일수록 함께 잘 슬퍼하고 서로 잘 위로하여 따뜻한 애도를 통해 앙금이 적게 남도록 해야 합니다.

## 트라우마에 대한 회복 탄력성과 외상 후 성장

우리는 사고와 사건이 넘치는 세상 속에 살고 있습니다. 방송이나 신문 혹은 인터넷 뉴스를 보면 불행하고 슬퍼서 듣기조차 버거운 이야기가 자주 전해집니다. 그래서 마음을 보살피는 시간이 필요하게 되었습니다. 비극과 불행에 대처하는 회복 탄력성이 인생의 필수적인 힘이며 온갖 트라우마에 대한 이해와 치유가 필요하다는 생각도 듭니다. 또 트라우마에 상처만 받는 것이 아니라 그것을 통해 성장하는 일면도 있었으면 하는 바람입니다.

사회적으로 겪는 슬픔에 관해 교실에서 애도하는 작업이 이루어진다면 아이들에게 자신이 돌봄을 받고 있다는 신뢰와 함께 믿을 만한 어른의 지지를 얻는 소중한 경험이 되어 줄 것입니다. 아이들이 겪은 존중과 배려, 품격이 넘치는 애도 경험이 상처보다는 사랑을, 경쟁보다는 협동을, 혼자보다는 함께하는 삶을 선택하도록 돕는 자산이 될 것입니다. 또한 선생님들도 서로 돌보고 함께 슬퍼하는 연대를 통해 치유의 과정을 경험하시길 희망합니다. 그래서 학교가 더욱 안전하고 따뜻한 곳이 되기를 바랍니다.

따뜻하게 애도한다는 것은 사람들과 슬픔을 나누는 법, 그리고 고인을 마음속에 기억하는 법을 배우는 인생의 중요한 수업입니다. 애도는 망각하는 과정이 아닙니다. 오히려 기억하고 간직하는 과정입니다. 그러므로 추모하고 기억하기 위한 내용과 방식을 정하는 과정이라고도 할 수 있습니다. 애도는 또한 삶에 새로운 의미를 부여하는 과정, 과거와 현재에 이어 미래를 연결하는 과정이라고 할 수 있습니다. 잊지 않고 기억해서 오늘과 내일을 더 좋은 삶으로 만들어 나가는 과정이기도 합니다.

슬픔이 아픔으로 머무르거나 맴돌지 않게,
울분과 후회로 마음이 곪지 않게,
애도 과정에서 받은 상처로 삶에서 물러나지 않게,
애도 과정에서 받지 못한 지지로 사람에 실망하지 않게,
슬픔은 나누고, 애도는 따뜻하게
아이들과 선생님, 그리고 가족들이 함께 손을 맞잡을 수 있는 시간이 있기를 기원합니다.

1부

슬픔과 애도
이해하기

# 1장

## 슬픔
## 이해하기

# 다양한 모습으로
# 나타나는 슬픔

비통한 사건으로 인해 아이들이 슬픔에 빠져 있는 교실에서, 유일한 어른인 선생님의 자리는 결코 쉽지 않습니다. 학생들의 슬픔을 이고 무엇인가를 해야 한다는 압박을 분명히 받으실 테니까요.

아이들마다 슬픔을 느끼는 정도나 모습은 제각각입니다. 발달 단계나 성격에 따라 슬픔과 애도의 이해와 깊이가 다르니 내색하고 표현하는 양상도 다른 것이 당연합니다. 어색한 미소를 짓는 아이도, 무표정한 아이도, 금방이라도 울 것 같은 아이도 있을 것입니다.

슬퍼하기 시작한 아이들을 막을 특별한 방도는 딱히 없습니다. 이럴 땐 슬픔을 껴안고 슬픔이 사그라들기를 함께 기다리는 것이 최선입니다. 그래서 많은 애도 전문가들은 슬픔에 '항복'해야 한다고 말합니다. 슬퍼하는 아이들과 함께 견뎌야 하는 선생님들도 쉽지 않은 시간을 보내야 합니다.

# 슬픔의
# 여섯 가지
# 특징

슬픔을 잘 표현하고 소화하는 것은 정말 중요합니다. 학생들이 편안하게 슬퍼할 수 있도록 돕기 위해 '슬픔의 여섯 가지 특징'을 소개합니다.[1]

1. 슬픔은 고통, 상실, 죽음에 대한 아주 자연스러운 반응입니다

친구나 선생님에게 닥친 질병, 사고, 죽음 등 좋지 않은 소식을 들으면 누구나 울음을 터트릴 수밖에 없을 겁니다. 이런 일을 대수롭지 않게 대할 수 있는 사람은 거의 없습니다. 얼마간 자신의 의지대로 감정이 조절되지 않는 일도 자연스러운 것입니다. 슬픔은 자

연스럽고 건강한 반응입니다.


2. 슬픔을 표현하는 좋거나 나쁜 방법은 정해져 있지 않습니다

애도와 슬픔은 다양한 방식으로 표현될 수 있습니다. 소리 내어 울어야만 하는 것도 아니고, 울지 않는 것이 문제가 되지도 않습니다. 조문을 갈 수도 있고, 전화나 이메일 등 다른 방식으로 마음을 전할 수도 있습니다. 예의를 지켜야 하지만 추모 기간 동안 일체의 웃음을 금지할 수도 없습니다. 특정한 방법의 표현만 도움이 되고 나머지 방법은 도움이 되지 않는다는 원칙은 없습니다.


3. 슬픔을 느끼는 이유와 양상은 사람마다 다릅니다

슬픔을 느끼는 장면, 생각, 상황 그리고 아픈 신체 부위 등은 저마다 조금씩 다를 수 있습니다. 우리는 각자의 방식으로 삶에 적응하고 대처하면서 살아왔기에 어떤 일을 두고 슬퍼하는 정도와 모습도 사람마다 다릅니다. 어떤 사람들은 조용하게 혼자서 애도할 수도 있고, 어떤 사람들은 더 노골적으로 화를 낼 수도 있습니다. 또 이 두 극단 사이에서 흔들리는 사람도 있을 수 있습니다. 학생들의 슬픔도 제각각이라는 것을 꼭 이해해 주시기 바랍니다. 무덤덤한 아이부터 난리를 피우는 아이까지 아이들의 반응은 다양할 수 있습니다.

### 4. 슬픔의 크기를 비교할 수는 없습니다

모든 죽음은 큰 슬픔입니다. 어떤 죽음은 더 중요하고 다른 죽음은 덜 중요하다는 기준을 정하기란 불가능합니다. 사람은 누구나 어느 누군가에게 소중한 존재입니다. 더 중요시되어야 하는 순서나 위계, 가치를 논하기는 어렵습니다. 모든 생명은 존중받아야 합니다.

### 5. 슬픔에 영향을 주는 문화적 요인 또한 모두 다릅니다

슬픔은 사는 지역, 민족, 종교, 풍습 등에도 영향을 받습니다. 우리나라에서는 삼일장을 치르는 것이 일반적이지만 경우에 따라 이틀로 줄이거나 오일장으로 늘리기도 합니다. 또한 장례식장에 조문을 하러 가면 망자의 사진 앞에서 절을 하는 것이 일반적이지만 기독교의 예를 따를 경우 목례로 대신하기도 합니다. 이런 모습은 그저 문화적 차이일 뿐이지만 십 대 청소년들은 자칫 저항감을 느낄수도 있습니다. 이에 대한 이해가 필요합니다.

### 6. 한 번에 끝나는 슬픔은 없습니다. 슬픔은 여러 번 찾아옵니다

장례식이 끝났다고 슬픔이 말끔히 끝나지는 않습니다. 슬픔이 언제 다시 찾아올지, 인생에서 죽음이란 사건이 어떻게 자리매김할 것인지 예측하기란 쉽지 않습니다. 우리가 사회적 참사를 수년째

기리는 것만 보아도 길게 간직되는 슬픔이 있다는 것을 분명히 알
수 있습니다.

교실에서 학생들의 다양한 반응을 잘 수용하기 위해 지금까지
언급한 슬픔의 여섯 가지 원칙을 잘 설명해 주시기 바랍니다. 슬픔
을 경험하고 표현하며 이해하는 방식, 슬픔을 표헌하려는 순간에
대해 서로 지지하고 도움을 주는 분위기를 조성하는 것이 필요합
니다.

# 슬픔이 하는
# 중요한 일들

슬픔 없이 애도 과정을 통과할 수는 없습니다. 슬픔은 우리가 애도의 강을 건너는 데 디딤돌을 놓아 줍니다. 트라우마 전문가 노먼 라이트H. Norman Wright는 슬픔의 기능에 대해 다음과 같이 말하고 있습니다.[2]

## 1. 슬픔은 고통을 표현하게 합니다

슬픔은 우리가 얼마나 힘들고 괴로운지를 표현하게 합니다. 슬픔이 재료가 되어 사람들은 화를 내거나 후회를 하기도 하고, 누군가를 원망하기도 합니다. 우리는 감정을 표현하면서 아픔을 줄여 나갑니다. 표현하지 않으면 각자가 겪는 어려움은 더욱 커집니다.

그러므로 슬퍼하는 감정을 표현하는 것은 중요합니다.

## 2. 슬픔은 우리가 상실에 대항하게 만듭니다

슬픔은 상실을 수용하는 것이 얼마나 힘든지 알게 해 줍니다. 그래서 상실을 받아들일 수 없다고 주장하게 만듭니다. 그 주장을 통해 사랑을 알게 해 주는 효과도 있습니다. 슬픔은 우리에게 질문하고 그에 대한 답을 요구하게 만듭니다. 학생들은 '왜 제 친구가 죽었어야 했나요?', '왜 어른들은 그렇게 무책임한가요?' 등을 질문할 것입니다.

## 3. 슬픔은 상실의 영향을 느끼게 합니다

슬픔은 애도자를 무기력하게도, 우울하게 만들기도 합니다. 슬픔은 마치 사람을 감옥에 가두는 듯한 효과를 발휘합니다. 슬퍼하는 동안 우리는 밖에 나가기도 싫고 사람을 만나기도 어렵습니다.

슬픔은 관계를 파괴하기도 합니다. 슬픔을 위로해 주지 않는 사람들과 멀어지게 만들고 내가 겪는 고통이 제일 큰 것으로 느끼게 합니다.

# 슬픔에서
# 회복하기 위한
# 활동

 

 

학생들은 어떻게 하면 슬픔에서 벗어날 수 있을지 알고자 할 겁니다. 선생님 또한 슬픔을 떨치기 위한 힘과 지혜가 필요합니다. 슬픔의 늪에서 걸어 나오기 위해, 제 경험에 기초하여 다음의 네 가지 활동을 제안합니다.

## 1. 충분히 슬퍼합니다

많이 울고, 괴로워하고, 힘들었던 시간이 지나면 슬픔은 서서히 줄어듭니다. 이것이 가장 중요한 활동입니다.

## 2. 충분히 이야기합니다

슬픔에 관해 이야기를 나눌 사람이 필요합니다. 그리고 그 사람과 슬픔 속에 담겨 있는 복합적인 사연들을 이야기합니다. 슬프지만 화나는 것, 슬퍼하면서 깨닫게 된 후회하는 것들, 죄책감, 마음속에 담아 둔 채 하지 못했던 이야기 등을 나누면 좋습니다.

## 3. 편지를 써 봅니다

이별 편지를 쓰고 읽어 보는 일은 회복 과정에서 가장 많이 하는 활동입니다. 편지에는 고인과의 추억이나 좀 더 나누고 싶었던 이야기, 애도 기간 힘들었던 것, 고인이 없어서 힘든 것, 슬픔 속에서 배운 것, 앞으로 할 것, 현재 나의 상황, 작별 인사, 고인을 가슴 안에 두는 새로운 방법 등의 내용이 들어가면 좋습니다.

## 4. 고인과 관련된 글, 사진, 영상 들을 정리합니다

고인에 대해 또는, 애도 과정에 대해 기록하고 기억하겠다는 마음이 생기는 것 자체가 회복의 신호입니다. 애도 행사에서 진행하는 추모 프로그램에는 추모 동영상 만들기, 고인의 다큐멘터리 만들기, 추모 문집 만들기, 가족 사진 정리하기 등이 있습니다. 우리가 사회적으로 애도하기 위해 하는 여러 행사들 역시 슬픔을 이기기 위한 일입니다.

# 슬픔에서 멀어짐을
# 깨닫는 순간

사건과 사고로부터 한 달, 두 달 시간이 지나면서 일상으로 복귀가 이루어집니다. 이것은 자연스러운 경과입니다. 선생님도 학생들도 모두 마찬가지입니다. 누구도 언제 이러한 깊은 슬픔이 사라질 것이라고 말해 주지 않습니다. 그것을 아는 사람은 없을 테니까요. 하지만 본인들이 슬픔과의 거리를 깨닫는 순간이 찾아옵니다. 슬픔을 털어 내며 우리는 다음과 같이 말합니다.

- 조금 편안합니다.
- 안도감을 느낄 수 있습니다.
- 이제 예전처럼 울지는 않습니다.

- 새로운 것에 관심이 조금 생깁니다.
- 마음의 힘이 생겼다는 느낌이 듭니다.

한편 앞서 말했듯 애도 전문가들은 슬픔에 항복하고, 슬픔을 받아들여야 회복할 수 있다고 말합니다. 그런데 많은 사람들은 다음과 같이 슬픔에 대항합니다.

- 슬픔을 극복의 대상으로 삼기/슬픔을 최대한 줄이려고 하기
- 슬픔을 느끼지 않으려고 하기
- 슬픔을 최대한 피해가기
- 슬픔을 잊으려고 쾌락을 추구하고 중독되기
- 슬픔에 대한 이론만 공부하기

이런 행동 뒤에는 두려움과 함께 무의식적 절망이 있다고 정신분석가들은 말하기도 합니다. 충분히 슬퍼하지 않으면 결국 슬픔을 다룰 수 없게 됩니다. 그러면 여러 불행한 결과를 낳는 일들이 연결됩니다.

# 힘들어하는 아이들
# 찾고 돕기

학교라는 공간에서 애도 수업이나 애도 동아리를 통해 추모 활동이 이루어지면, 건강한 애도가 어려운 학생들에게 도움을 줄 수 있습니다. 학생들은 서로 의지하고 지지하면서 회복해 나갈 수 있습니다.

가령 친구가 죽었을 때, 그 친구와 크고 작은 인연을 가진 학생들은 더욱 힘들어합니다. 특히 자살의 경우, 희생자와 친분이 있었던 학생들은 친구의 극단적 선택에 미안함과 죄책감을 느낀 나머지 동조 자살을 생각하며 우울감을 느끼는 일 또한 종종 일어납니다. 청소년 특유의 높은 집단 동조는 애도에 어려운 요소로 작동되기도 합니다.

집단 참사를 목격한 학생들은 '집단 외상Collective Trauma'을 입기도 합니다. 집단 외상은 다수의 대중이 함께 정신적 외상을 입는 것을 가리킵니다. 이럴 때 사회적 애도에 충분히 참여하지 않으면 사회적 정의를 향한 공분, 울분을 표현하는 학생들이 생길 수도 있습니다.

이런 애도 수업이나 애도 동아리를 만날 기회가 없을 때가 걱정입니다. 우리나라 청소년 자살 희생자의 다수가 학교에서, 가정에서 침묵하던 아이들입니다.[3] 이들의 극단적 선택에는 표현의 기회가 부족했던 점도 관련이 있습니다. 표현할 기회가 있어야 힘든 아이들을 발견할 수 있다는 것을 꼭 말씀드리고 싶습니다.

친구 집단의 범위가 확대되어 부모나 교사가 학생들의 교우 관계를 자세히 알 수 없는 상황입니다. 자살 고위험군 학생에게 영향을 주는 친구의 범위가 학교에 국한되지 않습니다. 학원 친구, 인터넷에서 만나 게임을 같이했던 친구, SNS 친구 등이 모두 가까운 친구라 할 수 있습니다. 사회적 애도가 더욱 중요해진 까닭입니다.

희생자의 형제자매, 생존자, 불안과 관련한 질환이 있는 학생, 트라우마 경험이 있는 학생 등에 대한 관심과 돌봄이 중요합니다. 적어도 한 학기 동안 모니터링이 필요하고, 특히 혼자 다니는 학생이라면 더욱 관심을 가지고 친구 관계를 지원해 주어야 합니다. 이들에 대해 친구들이 지지해 주고 나아가 사회적으로 지원하는 일은 아주 중요합니다.

# 2장

애도
이해하기

# 애도는
# 여정이다

죽음이나 큰 사고, 상실로 인해 애도가 시작되면, 그 일을 겪는 모든 사람들은 변화를 겪어야 합니다. 곁에 있던 사람이 사라지고 그와 했던 일들을 더 이상 할 수 없게 됩니다. 애도의 과정에 들어선다는 것은 이렇게 정체성에 변화를 수반합니다.

더불어 사람의 사회적 위치도 바뀝니다. 그래서 사회적 위치를 다시 잡기 위한 방황은 필수적입니다. 외동 자녀를 잃은 사람은 자녀가 없는 사람이 되고, 삼 남매의 자녀를 둔 사람이 한 명의 자녀를 잃으면 복지 지원이 달라지는 등의 방식으로 자녀의 빈자리를 체감합니다.

2장 애도 이해하기

죽음이나 사고, 상실이 가져다주는 혼란은 애도 과정에 동반됩니다. 애도자의 슬픔을 함께 나누는 애도의 동반자가 되기 위하여 애도의 과업과 애도에 영향을 주는 여러 중요한 요소를 이해하고 있으면 학생이나 가족 혹은 본인 자신에게 어떠한 도움이 필요한지를 더 잘 알 수 있습니다.

그리고 학생들이 애도를 할 때 어떤 과업에 어려움이 있고, 애도의 어떤 단계에 서 있는지 더 잘 이해하면 아이들과 더 편안하게 관계를 맺으며 애도의 좋은 동반자가 될 수 있을 것입니다.

많은 문헌에서 변화와 혼란의 과정인 애도를 가리켜 왜 여정이라고 했을까요? 애도는 진행되며, 방향이 있고, 마디마다 애도의 지점들이 있기 때문입니다. 애도에는 확실히 사람을 어디론가 데려가는 힘이 작용합니다. 물론 주저앉게도 만들지만 말입니다. 여기서는 애도의 과업과 요소, 애도에 문제가 생기는 경우들이 무엇인지 함께 살펴보고자 합니다.

# 애도의
# 4단계 여정[4]

애도는 네 개의 봉우리로 된 산을 넘는 과정과 같습니다. 애도의 여정을 걷고 계신다면 선생님 혹은 학생들이 지금 어디쯤 있는지, 얼마만큼 가야 하는지를 잘 점검해 보셨으면 합니다.

### 1. 1단계: 상실을 받아들이기

첫 번째 단계에서 할 일은 '그 사람이 죽었다'라는 현실과 완전히 직면하는 것입니다. 장례식은 상실을 받아들이는 절차입니다. 장례를 진행하며 애도자들 스스로 사랑했던 누군가가 고인이 되었음을 깨닫는 것이 중요합니다.

교사나 애도 프로그램 진행자들은 에둘러 죽음을 표현하는 대신

"사망했다", "죽었다"라고 정확하게 말하고 장례나 행사가 진행되는 시간이나 장소를 분명하게 말해 주는 편이 좋습니다.


### 2. 2단계: 슬픔을 겪어 내기

상실의 고통을 '겪어야만' 하는 시기입니다. 충분히 슬퍼하며 애도가 진행되어야 합니다. 이 과정이 잘 수행되지 않으면 해소되지 못한 슬픔이나 비탄, 고통이 지속적인 문제로 남습니다.

교사나 애도 프로그램 진행자들은 아이들에게 슬픔을 표현할 기회, 애도에 참여할 기회를 주어야 합니다. 이것을 제한하거나 공유하지 않으면 애도가 지연되거나, 분노한 채 애도하게 되기도 하고 사망자에 대한 환상을 갖기 쉽습니다.


### 3. 3단계: 고인이 없는 환경에 적응하기

이 단계에서는 사회적인 면과 심리적인 면에서 적응이 필요합니다. 일상으로 서서히 돌아오면서 고인의 빈자리를 재조정합니다. 여러 서류를 처리하며 변화를 수용하고 고인의 빈자리를 편하게 이야기할 수 있어야 합니다. 그러니까 새롭게 세팅된 사회에서 살아가는 것이지요.

애도 프로그램 이후에 일정한 시간이 지나고 학교 주체들 간에 협의가 가능해지면 학생들과 고인의 빈자리나 교실을 새롭게 꾸미는 등의 활동을 하며 고인이 없는 공간, 고인이 맡았던 역할 등에 대해 이야기할 수 있어야 합니다. 단, 이것이 너무 성급해서는 안 됩니다.

### 4. 4단계: 고인을 마음에 간직하고 살아 나가기

고인을 자신의 내면에 자리매김하는 과정입니다. 고인을 잊지 않되, 일상생활에서 큰 비중을 차지하게끔 두지도 않습니다. 그저 고인을 마음속에 간직하고 이따금 추억할 수 있는 상태에서 일상을 다시 살아갑니다.

추모 모임, 추모 행사를 만들 수 있습니다. 이를 통해 마음속에 고인을 간직하고 고인의 바람, 고인과의 관계, 고인이 생존자들에게 준 의미를 공유하고 기리면서 살아갈 수 있도록 합니다.

# 애도에 영향을
# 미치는 요소

애도 과정에 영향을 미치는 여러 요소들이 있습니다. 미국의 심리학자 J. 윌리엄 워든J. William Worden은 이를 크게 일곱 가지로 나누었습니다. 이것에 따라 애도의 크기나 성질이 달라지기도 합니다.[5]

## 1. 고인이 누구였는지

고인이 누구고 애도자와 어떤 관계에 있는 사람이었느냐에 따라 애도는 달라집니다. 가족이 사망한 경우와 지인이 사망한 경우의 애도는 성질이 완전히 다릅니다.

### 2. 고인과의 애착

평소 고인과 나눈 애착의 강도, 관계의 안정감, 친밀도 등에 따라 애도의 크기는 달라질 수 있습니다.

### 3. 죽음의 원인

자살, 사고사, 자연사, 병사, 피살 등 죽음의 원인에 따라 애도 반응은 크게 달라질 수 있습니다.

### 4. 이전의 애도 경험

애도자들이 상실을 경험한 적이 있는지, 이전에는 어떤 방식으로 애도했는지도 애도에 영향을 미칩니다. 혹시 애도자들에게 과거의 애도 경험에서 해결되지 않은 상처가 있다면 애도가 잘 되지 않을 수 있습니다.

### 5. 성별, 나이, 성격 등

고인이나 애도자의 성별, 고인과 애도자의 나이 차이, 애도를 주도하는 가족들의 성격적 요인도 애도에 영향을 줍니다.

### 6. 사회적 지지와 연대

사회적 지지와 연대는 애도자들에게 힘이 되는 동시에 사회적 역할을 요구하기도 합니다. 집단 트라우마가 발생하는 참사의 경우가 특히 그렇습니다. 사회가 함께 제대로 애도하지 못하면 수많은 사람들이 충분히 겪어 내지 못한 슬픔으로 인해 더 큰 고통을 느끼게 됩니다.

### 7. 죽음에 수반되는 문제와 스트레스

고인의 죽음과 함께 큰 액수의 빚이나 법적 책임이 생기는 경우, 자살이나 피살로 사망한 경우 등에는 유가족 등 애도자들이 애도의 과업을 이루어 내는 데 장벽이 생길 수 있습니다.

# 복합성
# 애도

애도자 모두가 슬픔과 애도의 단계를 자연스레 밟을 수 있는 것은 아닙니다. 슬퍼할 수 없는 사람들이 존재합니다. 애도의 길이 막혀 버린 상태에 처한 것이지요. 다음과 같은 상태에 있다는 것은 현재 제대로 된 애도가 일어나지 않고 있다는 증거입니다. 잘 살펴보세요.

- 슬픔을 과잉되게 표현한다.
- 기념일 반응(본서 76~79쪽 참고)이 극심하다.
- 평정을 유지하지 못하고 상실에 대해 말하지 못한다.
- 상실이 여전히 너무 큰 감정을 불러일으킨다.

- 고인과 자신을 동일시하거나 고인의 행동을 모방한다.
- 자기 파괴적 행동을 반복하고 자해나 자살 사고思考가 늘어난다.
- 애도와 관련된 행사에 일체 참석을 거부하거나 기피한다.
- 상실에 대해 지나치게 오랜 시간 동안 후회와 자책을 반복한다.
- 사람이 극단적으로 변했다. 이전의 모습을 지나치게 지워 버리려고 한다.
- 고인의 죽음과 관련된 사실이나 상황에 심한 공포감이나 과도한 불안이 있다.
- 고인과 관련된 모든 것을 다 버리고 고인과 관련된 기억을 지나치게 부인한다.
- 고인의 방 혹은 고인과 관련된 물품을 정리하지 못하고 몇 년째 보존하고 있다.


애도가 건강하게 이루어지지 않은 경우는 연장된 애도, 트라우마 애도로 불리우다가 복합성 애도Complicated Grief로 정리되었습니다. 도움과 지원이 필요한 상태라고 할 수 있습니다. 복합성 애도의 종류는 다음과 같습니다.[6]


## 1. 만성형 애도

사별자가 애도를 끝내지 못하고 지속하는 상태를 말합니다. 무기력하고 혼란스런 감정으로 생활하는 나날이 지속될 수 있습니다.

### 2. 지연형 애도

애도 기간에는 슬픔을 표현하거나 애도하지 못하다가 후에 과도한 애도 반응이 나타나는 상태를 말합니다. 장례를 포함한 추모 기간에는 애도하지 못한 채 멍해 있거나 슬픔에 마비가 되었다가 혹은 슬픔을 부정하다가 한참 후에 반응이 나타나는 애도를 말합니다.

### 3. 과장형 애도

반응이 극심하고 강도가 높은 상태를 말합니다. 공포증, 공황 발작, 실신, 초조, 불안과 같은 증상이 동반되기도 합니다. 상실에 대한 극심한 죄책감이나 자책감이 담겨 있기도 합니다.

### 4. 위장된 애도

슬픔이나 애도를 정상적으로 표현하지 않고 다른 방식으로 나타내는 것을 말합니다. 흔히 신체적 증상이나 비행 행동으로 표현되기도 합니다. 감정을 제대로 다루지 못할 때 이런 반응이 나타날 수 있습니다.

복합성 애도를 보이는 사람은 도움이 필요합니다. 복합성 애도를 겪는 대부분이 트라우마, 불안, 두려움, 공포를 느끼기 때문입니다. 복합성 애도를 보이는 학생에게는 추가적인 지원과 개입이 필요합니다. 선생님 혹은 학교에서는 이러한 학생들에 대한 상담 연계, 진료 등을 안내해 장기적인 도움을 받을 수 있게 연결해 주시면 좋겠습니다. 그리고 필요하면 학교 내 또래 상담자들의 도움을 통해 다른 친구들과 함께 자연스러운 애도의 길을 걸을 수 있도록 세심히 살펴 주시기를 바랍니다.

# 장례식의
# 역할[7]

1. 장례식은 사별을 기정사실화합니다

유족들이 사별의 슬픔을 겪어 내는 첫 번째 과업인 죽음을 수용하는 과정을 돕습니다.

2. 장례식은 고인에 대한 생각과 감정을 표현할 기회를 줍니다

장례식은 유족과 이웃, 지인들이 고인을 마음에 간직하도록 돕는 의식입니다. 애도에 중요한 역할을 하는, 고인에 대한 마음을 표현하는 일을 장례식에서는 집중적으로 할 수 있습니다.

3. 장례식은 고인의 인생 여정을 되돌아보는 시간이기도 합니다

고인의 삶을 정리할 수 있는 기회가 됩니다. 또한 고인의 마지막 길을 찾아오는 사람들을 통해 유족들은 고인을 더 잘 알고 이해할 수 있습니다.


4. 장례식은 유족을 지지하는 자리입니다

유족에 대한 사회적 지지망을 작동하게 하고 유족들의 슬픔을 위로할 수 있게 합니다.


5. 장례식은 유족들이 치유할 수 있는 장이 됩니다

장례식 자체, 또는 장례식장을 방문한 지인 등을 통해 유족들은 가족을 잃은 슬픔을 치유하는 기회를 가질 수 있습니다.

# 3장

함께하는
애도

# 애도자의
# 권리[8]

우리는 각자의 방식으로 슬퍼하고 각자의 속도로 애도하며 저마다 다른 순간에 회복합니다. 그래서 각자의 애도가 존중받으면서 동반자와 함께 건강한 애도를 할 수 있는 환경이 중요합니다. 이를 앨런 울펠트Alan D. Wolfelt라는 미국의 애도 전문가는 '애도자의 권리'라고 명명하고 총 열 가지로 정리했습니다. 이를 소개하고 제 나름의 설명을 덧붙여 보겠습니다.

## 1. 자신만의 방식으로 슬퍼할 권리

모두가 같은 방식으로 슬퍼하지 않습니다. 따라서 다른 사람들에게 도움을 청할 때 그들이 당신이 느껴야만 할 것이나 느끼지 말아야 할 것을 말하지 못하게 하십시오.


## 2. 슬픔을 이야기할/침묵할 권리

슬픔에 대해 원하는 만큼 자주 이야기할 수 있는 다른 사람들을 찾으십시오. 때때로 말하고 싶지 않다면 침묵할 권리도 있다는 것을 기억하세요.


## 3. 다양한 감정을 느낄 권리

혼란, 방향 감각 상실, 두려움, 죄책감 및 안도감, 분노 등은 애도 과정에서 자연스레 느낄 수 있는 감정일 뿐입니다. 자신의 감정에 대한 다른 사람들의 섣부른 판단을 마음에 새기지 마십시오. 대신, 조건 없이 당신의 감정을 들어 줄 사람을 찾으십시오.


## 4. 신체적·정서적 한계를 존중할 권리

상실감과 슬픔은 애도자가 피로감을 느끼게 합니다. 몸과 마음이 하는 말을 존중하십시오. 매일 휴식을 취하고 균형 잡힌 식사를 하십시오. 그리고 다른 사람들이 당신에게 아직 준비되지 않은 일을 해 보라는 강요를 못하게 하십시오.


## 5. 슬픔을 경험할 권리

때로는 강력한 슬픔이 갑자기 당신을 압도할 수 있습니다. 이것은 무서울 수 있지만 정상적이고 자연스러운 현상입니다. 이런 상황 역시 이해해 주고 이야기 나눌 수 있는 사람을 찾으십시오.

### 6. 의식을 치를 권리

장례식은 사랑하는 사람의 죽음을 인정하는 것 이상의 역할을 합니다. 사람들로부터 지지를 받는 데 도움이 될 뿐만 아니라 효과적인 애도 방법이 되어 주기도 합니다. 다른 사람들이 당신에게 장례식 등이 어리석거나 불필요하다고 말하면 듣지 마십시오.

### 7. 영성을 받아들일 권리

신앙이 여러분 삶의 일부라면, 적절해 보이는 방식으로 그것을 표현하십시오. 당신의 종교적 신념을 이해하고 지지하는 사람들과 함께 시간을 보내십시오. 하느님께 화가 난다면, 당신이 겪은 상처와 버림받았다는 느낌에 대해 비판적이지 않을 사람과 이야기를 나누십시오.

### 8. 의미를 탐색할 권리

"그 사람은 왜 죽었을까? 왜 이런 식으로? 왜 지금?" 이런 질문에는 답변이 있을 수도 그렇지 않을 수도 있습니다. 일부 사람들이 당신에게 줄 수 있는 진부한 반응을 조심하십시오. "그것은 하느님의 뜻이었다." 또는 "당신이 감사해야 할 것을 생각하라."와 같은 말은 도움이 되지 않으며 받아들일 필요도 없습니다.

### 9. 추억을 소중히 할 권리

추억은 사랑하는 사람이 남긴 최고의 유산 중 하나입니다. 추억을 무시하는 대신 추억을 공유할 수 있는 사람을 찾으십시오.

### 10. 슬픔을 치유할 권리

슬픔과 화해하는 일은 순식간에 이루어지지 않습니다. 슬픔은 사건이 아니라 과정이라는 것을 기억하십시오. 참을성이 없고 편협한 사람들을 피하십시오. 당신이나 주변 사람들은 사랑하는 사람의 죽음이 당신의 삶을 영원히 바꾼다는 것을 잊어서는 안 됩니다.

# 애도자와
# 동반자의 관계

애도의 동반자가 해야 할 일은 아주 특별한 것은 아닙니다. 애도의 동반자는 애도자와 함께 슬퍼하고 애도자가 느끼는 혼란과 무기력감을 이해해 주는 것이 중요합니다. 자꾸 고통에서 벗어나게 하려고 하고, 먼저 나서서 슬픔을 느끼지 않게 하려는 일은 실제로 도움이 되지 않습니다.

좋은 동반자를 가리켜 울펠트는 "함께 걸으면서 거울을 들어 주는 사람"이라고 했습니다. 애도자가 자신의 모습을 깨닫고 스스로 치유하게끔 돕는 사람이 진정한 동반자라고 할 수 있습니다. 애도자와 동반자의 관계에서는 가르치며 배우는 일이 상호적으로 일어납니다. 동등한 위치에서 서로 나아질 수 있도록 돕고, 관계를 함부로 남용하지 않아야 좋은 동반자 관계라고 할 수 있습니다.

어쩌면 신영복 선생님의 이야기처럼 동반자가 해야 할 일은 애도자가 비를 피하게 하는 것이 아니라 함께 비를 맞는 일일 것입니다. 우리는 비를 멈추게 할 수도 없고, 애도자가 비에 젖지 않게 할 수도 없습니다. 그저 함께 비를 맞아 주는 것이 동반자가 할 수 있는 일이 아닐까 합니다.

# 동반자가
# 해야 할 일

애도자와 함께하는 일은 쉽지 않습니다. 곁에 있는 것만 해도 어려운 일입니다. 하지만 우리가 함께 슬퍼하고 고통의 여정에 동반하고자 하는 진실한 마음이 있다면 동반의 무게는 가벼워질 수 있습니다.

울펠트는 애도의 여정에서 동반자가 하는 일 열한 가지를 소개했습니다. 여기서는 열 가지로 줄이고 더 이해하기 쉽게 변형한 것을 소개합니다.[9]

① 애도자의 고통에 동참한다. 고통을 억지로 없애지 않는다.

② 애도자와 함께 있는다. 문제를 해결하려 하지 않는다.

③ 마음으로 함께한다. 머리로 분석하려 하지 않는다.

④ 애도자의 애도 과정에 증인이 되어 준다.

⑤ 앞장서려 하지 말고 애도자와 나란히 걷는다.

⑥ 침묵한다.

⑦ 차분함을 유지한다. 분주하게 서두르지 않는다.

⑧ 애도자의 혼란과 혼동을 존중한다. 질서와 논리로 통제하지 않는다.

⑨ 서로 배운다. 가르치려 들지 않는다.

⑩ 새로운 마음으로 대한다. 과거의 경험이나 노하우를 섣불리 적용하지 않는다.


동반자가 갖추어야 할 덕목을 여러 번 읽고 애도자에게 다가서기를 바랍니다. 학생들에게도 이것들을 잘 알려 준다면 힘든 친구, 어려움에 빠진 친구를 돕고 위로할 때 도움이 될 수 있을 것입니다.

# 서로 배우고
# 가르쳐 주는 애도

애도하는 과정에서 동반자로 참여하면 침묵하기와 곁에 있기, 그리고 진정한 위로하기를 배울 수 있습니다. 학생들이 이 세 가지를 통찰할 수 있도록 이끌어 주셨으면 합니다.

### 1. 침묵하기[10]

묵념, 기도 등 애도하는 기간에는 조용히 기다리고 견뎌야 하는 순간들이 많습니다. 침묵의 순간을 통해 배우는 것들은 다음과 같습니다.

• 경청의 중요성

- 애도자의 욕구

- 애도자의 개성

- 수용할 마음의 준비

- 자신의 감정

- 사려 깊고 긍휼한 마음

- 때로는 말없이 공유하고 연결될 수 있는 마음의 성질


## 2. 곁에 있어 주는 법

슬픔과 애도의 기간 동안 교사들과 학생들은 장례, 조문, 학교에서의 여러 추모 행사에 참여하면서 동료와 학생들에게 서로 많이 배울 수 있습니다. 학생들은 힘들어하는 학생과 같이 있어 주는 선생님을 보면서 특별한 행위를 하지 않아도 도움을 줄 수 있다는 사실을 알게 됩니다. 친구들도 마찬가지입니다. 같이 있어 주는 친구가 곁에 있다는 사실은 고맙고 감사한 일입니다. 곁에 있다는 것, 함께 있다는 것은 관계의 동등함이 기저에 있는 가운데 개방적이고도 적극적으로 마음의 연결을 성찰하면서 서로를 보살피는 일입니다.


## 3. 위로하는 법

따뜻한 마음만 있다면 충분히 누군가를 위로할 수 있습니다. 하지만 위로에는 주의해야 할 것들이 있습니다. 마치 미리 경험해 본

사람인 양 옳은 방향이 정해져 있는 것처럼 행동하거나 말하지 않습니다. 애도자를 '있는 그대로' 보려고 해야 합니다.

① 진실하고 진지하게 애도와 슬픔의 감정에 동조합니다.

> 예 "생각해 봤는데, 나라도 너무 힘들었을 거야."

② 애도자의 감정을 요구하거나 통제하는 것이 아닌 애도자의 감정을 자연스럽게 인정해 주는 것이 필요합니다.

> 예 "어떻게 느껴야 한다고 말하고 싶지 않아. 네가 느끼는 것이 맞는다고 생각해."

③ 애도자의 감정을 함께 느끼려고 노력해야 합니다.

> 예 "네가 어떤 감정일지 느껴 보려고 노력할게."

④ 애도자가 느끼는 독특한 감정도 인정해야 합니다.

> 예 "네가 특별하게 그렇게 느끼는 것, 그럴 수 있다고 생각해."

⑤ 애도자의 느낌과 생각을 지레짐작하거나 함부로 예측하고 말해서는 안 됩니다.

> 예 "나는 네 느낌을 잘 알아."(×)

⑥ 애도자를 내가 옳다고 생각하는 방향으로 바로잡으려 하지 않습니다.

> 예 "그것보다는 이렇게 생각하는 것이 좋지 않을까?"(×)

⑦ 애도자를 판단하지 않습니다.

> 예 "네가 이러는 것은 잘한 행동이야. 옳다고 생각해."(×)

동반자로 애도 과정에 참여하는 학생들이나 선생님께서는 이상 언급한 가르치고 배우는 동반자의 애도 자세를 참고해 보세요. 애도자가 동반자에게 자신 그대로의 모습을 보아 준 것에 감사하는 마음을 갖게 되면 좋겠습니다.

# 기념일 반응과
# 애도

해마다 사람들은 사회적으로 관심을 모았던 참사가 있었던 날을 추모하고 치유하는 시간을 갖습니다. 학교에서는 이 시기에 계기 수업을 준비합니다. 기념일 수업이나 의례에 참여하는 일에는 여러 의미가 있습니다. 첫째, 집단 트라우마를 치유하는 사회적 과업이 됩니다. 함께 기억하고 추모하면서 자신의 상처, 그리고 사회의 상처를 치유한다고 볼 수 있지요. 둘째, 다음 세대에게 참사의 의미와 교훈을 전해서 참사를 예방하고 대비할 수 있습니다. 셋째, 재난의 피해자 및 관계자들의 회복과 치유에 함께할 수 있습니다. 넷째, 기념일 반응으로 인해 다시 힘들어진 유족이나 피해 가족을 발견하고 치유할 수 있습니다.

## 1. 기념일 반응[11]

기념일 반응이란 특별한 날에 발생하는 심리적·신체적·행동적 반응입니다. 의식과 무의식 모두를 통틀어 과거에 입은 외상과 연관된 시간에 발생하는 반응을 말합니다. 기념일 반응은 다양한 양상으로 나타날 수 있습니다. 예를 들어 많은 미국인들이 케네디 대통령의 암살 소식을 들었던 순간에 자신이 어디에서 무엇을 하고 있었는지 생생하게 기억하는데 이를 '케네디 모멘트'라 부릅니다. 우리나라의 경우, 2014년 4월 16일에 자신이 무슨 일을 하고 있었는지 기억하는 사람들이 많지요.

## 2. 기념일 반응의 취약성과 기전[12]

기념일 반응은 불충분하거나 미완료된 애도를 경험한 사람에게 더 길게, 깊게 나타나는 양상을 보입니다. 보통 기념일 주간에 짧게 나타나지만 한 해에 걸쳐 나타나기도 합니다.

학자들은 기념일 반응이 나타나는 이유가 '외상적 기억Traumatic Memory'과 관련이 있다고 생각하고 있습니다. 외상적 기억은 특별한 외상적 사건 때문에 우리 뇌에 더 강력하게 남겨진 기억을 말합니다. 외상적 기억에는 사건이 일어났던 상황, 시간, 느낌, 생각 등이 포함됩니다. 외상적 기억은 사건이 일어났던 시기가 다가오거나 유사한 상황이 닥치면 작동됩니다. 그 때문에 기념일 반응이 생겨날 수 있습니다.

## 3. 기념일 반응의 유형

기념일 반응은 빈도와 반복 양상을 기준으로 세 가지 유형으로 나눌 수 있습니다.

① 단일 기념일 반응the Single reaction: 개인이 인생의 특정한 시기에 힘들어하는 경우

> 예 40세에 세상을 떠난 아버지 생각에 자녀는 40세가 되어 힘들어하다가 그 후 증상이 사라짐.

② 반복 기념일 반응the Repetitive reaction: 매해 특정한 시기에 힘들어하는 경우

> 예 가을에 자녀를 잃은 이가 가을만 오면 아파함.

③ 세대적 기념일 반응the Generational reaction: 어릴 때 고통을 겪었던 사람이 당시 자신의 나이로 성장한 자녀를 보며 다시 힘들어하는 반응. 아동기에 충격을 받은 사람이 부모가 되었을 때 외상에 대한 반응이 자녀와의 관계에서 나타나는 현상

> 예 13세 때 아버지가 알코올 중독으로 사망한 사건을 겪은 사람이 자녀가 13세가 될 때 본인에게 애도 현상이 다시 나타남.

## 4. 학생들의 기념일 반응에 개입하는 방법

① 개인적 차원

힘들어할 수 있는 학생들을 사전에 파악하고 기념일에 애도를 경험할

수 있도록 돕습니다. 더불어 예상되는 기념일 반응이 있는 경우, 그 학생이 혼자 지내지 않도록 하는 것도 중요합니다. 기념일 전에 상담을 청하거나, 힘든 것을 솔직히 수용하게 하거나, 외상적 기억과 함께 좋았던 기억 혹은 고마웠던 기억도 동시에 떠올리게 하는 것이지요. 또한 자신의 상태를 짐김하고 자신을 잘 돌보고, 가족 및 친구들과 마음속 이야기를 나누는 활동을 할 수 있습니다.

② 집단적 차원

유치원생부터 초등 저학년 학생들은 보호자를 교육해도 좋고 초등학교 고학년 이후에는 학생과 보호자를 모두 교육해도 무방합니다. 추모 행사 등을 통해 집단 애도를 촉진하면 기념일 반응을 줄이는 데 도움이 됩니다.

또 전문가 집단의 자문을 받아 각 학년 선생님들에게 말할 수 있는 내용을 정리해 주면 좋습니다. 기념일 전후 일주일간은 흔히들 힘들어한다고 이야기하고 이 기간 동안 도움받을 수 있는 방법 ― 의사, 상담가, 보건 교사 상담 등 ― 을 상세히 알려 주는 것입니다.

③ 지역 사회 차원

사회가 함께 개입하는 대응은 시민, 부모, 유족 및 피해 가족에게 큰 지원이 됩니다. 각종 행사 등 지역 사회 활동을 다양하게 펼칩니다. 기념 재단을 설립하고 기념 공간을 마련하여 사람들이 모이고 추모할 수 있게 해 주면 더욱 좋습니다. 국가적 차원에서 행사를 열고 국가수반이 참석하여 추모하고 위로를 건네면 더 도움이 될 것입니다.

# 정상적인
# 애도 반응

# 신체적·정서적·인지적 반응[13]

부고 소식을 들으면 사람들은 충격에 휩싸입니다. 공포 반응이나 마비 증상이 나타나기도 합니다. 초기에 충격적인 소식을 듣고 보이는 신체적·정서적·인지적 반응은 누구에게나 나타나는 반응입니다. 선생님에게도, 학생들에게도, 학부모들에게도 비슷한 반응이 일어날 수 있습니다.

## 1. 신체적 반응

몸에 가장 먼저 반응이 나타납니다. 많은 사람들은 가슴이 떨리고, 눈물이 나오고, 호흡과 맥박이 가빠진다고 말합니다. 이것은 자연스러운 몸의 반응입니다. 어떤 사람은 과호흡 증후군으로 쓰러지기도 합니다. 과호흡 증후군은 정신적 스트레스로 인한 불안이 주원인으로, 발작적으로 과도하게 가쁜 숨을 몰아쉬게 됩니다. 심하면 실신까지도 발생합니다. 이러한 증상이 나타나면 비닐봉지를 이용한 호흡법을 활용하여 증상을 완화할 수 있습니다. 부고 소식을 들었을 때 나타나는 신체적 반응을 열거해 보면 다음과 같습니다.

- 호흡이 힘들거나 빨라진다.
- 심장이 빨리 뛴다.
- 속이 쓰리다.
- 입이 마른다.
- 머리가 아프다.
- 한숨이 나온다.
- 다리에 힘이 풀린다.
- 눈물이 쏟아진다.
- 힘이 없다.
- 신경이 너무 예민해진다.

2. 정서적 반응

정서적 반응도 다양하게 나타납니다. 자신을 압도하는 감정으로 인해 주변에 영향을 미치기도 하고, 스스로 감정 조절이 곤란하다는 느낌이 들기도 합니다. 특정한 정서가 너무 지나쳐 일시적으로 힘들어지면 안정을 취하기 위해 다양한 방법이 필요합니다. 불안정화된 정서와 신체를 안정시키기 위해 개발된 '안정화 요법'이 여러 급성 트라우마에 도움이 될 수 있습니다.(본서 130~133쪽 참고) 부고 소식을 들었을 때 나타날 수 있는 정서적 반응을 열거해 보면 다음과 같습니다.

- 혼란
- 불안과 두려움
- 울음과 당황스러움
- 슬픔
- 분노
- 후회와 죄책감
- 무기력감
- 피로감
- 그리움
- 절망감

3. 인지적 반응

특정 생각에 사로잡혀 있는 경우는 흔합니다. 고인과 가까웠던 사람들은 괴로움이 가중될 수도 있습니다. 반면 죽음을 회피하고 부정하며 힘든 생각을 멀리하려는 사람들도 있습니다. 특별한 경우를 제외하고 이런 반응들은 모두 정상에 속합니다. 다음과 같은 인지적 반응은 흔하게 나타납니다.

- 생각이 멈춘 듯 머리가 돌아가지 않는다.
- 부정적 생각이 강하게 든다.
- 집중하기 어렵다.
- 절망감이 든다.
- 자신을 비난하게 된다.
- 후회와 자책감이 든다.
- 사건에 대해 몰두, 집착하게 된다.
- 건망증이나 기억의 손상이 생긴다.
- 죽음에 대해 생각하게 된다.
- 고인에 대해 생각하게 된다.
- 이전에 입었던 트라우마에 대해 생각하게 된다.
- 죽음을 부정한다.

# 발달 단계와
# 문화 차이에 따른
# 아동·청소년의 애도 반응

아동·청소년의 애도 반응은 발달 단계, 가족과의 애착, 사회적 지지 등에 따라 달라질 수 있습니다.

죽음에 대한 아동·청소년의 인식은 애도 반응에 영향을 크게 미칩니다. 죽음이 보편적이며 비가역적 사건이고 개인적 경험을 포함한 모든 것의 상실이라는 점, 또한 이유에 따라 달리 애도될 수 있다는 것을 이해하느냐 아니냐의 여부는 발달 단계에 따라 차이를 보입니다.[14]

애도 과정에는 가족과의 애착도 중요하게 작용합니다. 가족과 애착 관계가 안정적인지 아닌지에 따라 아동·청소년의 대처 전략이 달라질 수 있습니다. 또한 가족 문화도 적응에 영향을 미칩니다.

가족의 장례 문화가 아동·청소년에게 허용적인지 아닌지에 따라서도 애도 반응이 달라질 수 있습니다. 임종 전부터 아동·청소년이 애도 과정에 모두 참여하게 하는 문화를 가진 민족도 있고, 아동·청소년을 애도 과정에서 배제하는 문화를 가진 민족도 있습니다. 관계와 맥락에 따라 다르지만 애도 전문가들은 가능한 아동·청소년을 참여시키고 설명을 해 줄 때 애도가 잘 일어난다고 주장합니다.

# 애도 반응을
# 잘 살펴야 하는
# 학생들[15]

슬픔은 어린 학생들이 일상을 버티기 힘들게 합니다. 학업, 신체, 사회, 감정 등 여러 영역에서 일시적인 변화가 나타나고 학생들은 이를 조절하는 것에 어려움을 느끼기도 하지요.

어린이와 청소년이 애도로 인해 힘들어할 때 다음과 같은 초기 반응이 나타날 수 있습니다. 세심한 배려가 필요한, 슬픔에 빠져 있는 아이들의 감정, 사고, 행동의 목록은 다음과 같습니다.

- 고인의 죽음과 장례 사건들을 반복하여 말한다.
- 고인이 나오는 꿈을 꾼다.
- 어떤 부분에서 고인과 함께하고 있다고 느낀다.

- 기존의 친구를 거부하고 비슷한 상실을 경험해 본 친구를 구한다.

- 학교생활을 하다가도 가정을 그리워한다.

- 수업이나 숙제에 집중할 수 없다.

- 수업 중에 갑자기 눈물이 터진다.

- 자신의 건강과 관련된 과도한 걱정을 한다.

- 가끔 상실에 대한 감정을 느끼지 않는 것처럼 보인다.

- 주위의 관심을 얻기 위해 '왕따'가 되기도 한다.

- 주위의 보살핌을 받고자 하는 욕구에 지나치게 집중한다.


1. 애도 반응을 더 크게 겪거나 위험한 상태로 연결될 수 있는 아이들

여기 서술한 일곱 가지 아이들의 유형은 슬픔이 예전의 일과 결합해 더 큰 마음의 짐이 되거나 트라우마가 자극되어 활성화되기 쉬운 경우입니다. 더욱 주의해 살펴야 합니다.


① 이미 상실 경험이 있는 아이들

부모의 죽음, 부모의 결별, 친구 상실, 실연, 이사, 전학, 반려동물의 죽음 등 상실의 경험을 겪어 본 아이들이 조금 더 힘들어할 수 있습니다.

② 스트레스 요인이 더 많은 아이들

생활이 아주 힘들고 어려운 아이들에게 힘든 사건이 벌어지면 스트레스가 가중되면서 애도가 힘들어지고 버티는 힘이 줄어듭니다.

③ 외로운 아이들

아이를 지지하는 관계망이 적을수록 아이들이 힘들어하는 정도가 더 클수 있습니다. 혼자 지내는 아이는 자신의 힘든 감정을 나누거나 공유하지 못해 더 힘들어합니다. 타인의 지지와 지원 그리고 감정을 나눌 기회도 부족하기 때문입니다.

④ (슬픔을 표현하기 어려워하는) 남자아이들

성 역할에 따른 고정관념으로 남학생들이 상대적으로 슬픔과 애도를 표현하지 못하고 힘들어하는 경우가 종종 있습니다. 남성은 애도나 두려움보다는 분노 감정을 더 많이 표현하도록 사회가 요구해 온 것이죠. 결과적으로 남학생의 경우, 분노에 가려 슬픔과 애도에 관한 도움을 받지 못하고 오히려 처벌받거나 관심에서 제외되는 경우도 많습니다.

⑤ 정신 건강이 좋지 않은 아이들

애도를 위해 필요한 건강한 인내심이나 자제력, 마음의 여유가 적은 아이들이 더 힘들어할 수 있습니다. 조현병, 조울증, 우울증, 불안증 등 평상시 불안도가 높은 학생들의 상태를 잘 모니터링하는 것이 중요합니다.

⑥ 갑작스러운 부음을 들은 아이들

죽음을 수용하는 과정에 충분한 시간이 있다면 차분히 애도를 준비할 수 있습니다. 그러나 갑작스러운 죽음은 그러하지 못하므로 애도가 더 어렵고 힘듭니다. 이러한 죽음은 사망자와 가까이 있던 아이들에게 많은 감정을 남깁니다.

⑦ 고인과 해결하지 못한 일이 남은 아이들

고인과 약속이 있거나 해 오던 일이 있던 아이들은 더 힘들어할 수 있습니다. 해결하지 못한 과제들은 죄책감을 포함한 복잡한 감정을 남깁니다. 고인과 있었던 나빴던 일은 애도자를 더 힘들게 합니다. 가령 고인이 죽기 전날 싸웠던 아이는 더욱 힘들 수도 있습니다. 반에서 깊은 관계에 있었던 친구들에 대한 세심한 배려가 필요합니다.

## 2. 더 깊은 슬픔이 찾아온 아동·청소년들에게 나타나는 반응

슬픔의 터널에서 더 오래 머무르는 아이들도 있습니다. 다음은 더 깊은 슬픔으로 인해 힘들어할 뿐 아니라 위험한 상태로 갈 수 있는 아이들에 대한 신호를 정리한 체크리스트입니다.

① 회피하고 싶어 하는 아이들
  - 푹 숙인 머리
  - 눈맞춤이 줄어듦.
  - 절망감, 패배감, 힘없는 눈빛
  - 현저하게 줄어든 말수
  - 자리에서 움직이지 않음.
  - 목소리가 더 작아지고 가라앉음.
  - 표정이 없어짐.

② 과도한 책임감으로 힘들어하는 아이들
  - 주변의 아이들에게 너무 민감하게 반응함.

- 아이들의 지각, 결석 등의 행위에 신경질적이고 공격적으로 반응함.
- 아이들의 행동이나 감정 표현에 문제를 자주 제기함.
- 자기의 감정에 대해 이야기하려 하지 않음.
- 추모 및 애도 활동을 강조함.
- 자주 울고 심한 죄책감과 책임감을 표현함.

③ 과도한 불안과 두려움으로 힘들어하는 아이들

- 교실에 앉아 있기 힘들어함.
- 안절부절못함.
- 집에 들어가지 않은 채 여기저기 돌아다님.
- 다른 곳을 돌아다니다 학교에 지각함.
- 사고 장소나 추모 장소를 자주 방문함.
- 학교에 지각하거나 결석하는 날이 늘어남.

④ 예민하면서도 관심을 바라는 아이들

- 쉽게 화를 냄.
- 혼자 있기 힘들어함.
- 자주 교실에서 울곤 함.
- 선생님들에게 자주 질문함.
- 교실 칠판이나 게시판에 낙서나 관련 글을 써 놓음.
- 친구들의 이야기에 민감하고 끼어들려고 함.

이런 반응을 보이는 아이들이야말로 도움이 필요합니다. 특히 학급에서 중요한 역할을 하는 아이들이 이런 친구들을 발견해서 도움을 받을 수 있도록 하는 것은 애도 과정에서 아주 중요한 일입니다. 친구들의 발견과 지지, 슬픔을 이겨 낸 자기 경험을 친구들과 공유하는 일이 중요합니다.

깊은 슬픔에 빠진 채 건강하지 못한 애도를 하는 아이들이 얼마나 오래 그렇게 있었는지 알기는 어렵습니다. 적어도 한 학기 동안은 잘 살펴야 합니다. 시간은 애도에 도움을 주기도 하지만 슬픔을 부패하게 하기도 합니다. 건강히 표현하지 못한 채 슬픔과 강하게 연결된 아이들을 잘 찾아보아야 한다는 것을 강조하고 싶습니다.


### 3. 비탄에 빠져 힘들어하는 학생들

아주 각별한 사이의 친구가 죽었다면 충격은 아주 클 것이며, 그로 인한 정서적 아픔도 너무나 클 것입니다. 등교가 어렵고, 조퇴하거나 병가를 내는 아이들이 생길 수도 있습니다.

더 힘들어할 학생이 누구인지, 왜 그런지를 빨리 알수록 좋습니다. 가능하면 학부모와 정보를 공유하세요. 그리고 도움을 받도록 꼭 안내해 주세요. 더 힘든 학생의 어려움이 꼭 정신 건강상의 문제로 연결되는 것은 아닙니다. 경과를 잘 살펴보시다가 특별한 도움이 필요한 것은 아닌지 파악해 주세요. 특히 잠, 식욕, 기분, 생각에 대해 잘 보살펴 주시고, 충분한 휴식을 하고 나와도 된다고 안심시

커 주셨으면 좋겠습니다.

4. 학생 중 일부는 정상적인 학교생활로 돌아오는 시점이 늦어질 수 있습니다

슬픔에 깊이 빠진 학생은 학교에 나오더라도 무기력하거나 넋이 나간 듯이 있을 수 있습니다. 기다려 주는 시간이 필요합니다. 간혹 자신의 기분이나 생각이 잘 조절되지 않는다고 할 수도 있습니다. 통제 불능의 상태에 이를까 봐 겁을 내기도 합니다. 이런 경우 학생을 잘 안심시켜 주시고, 상담 선생님과 연결해 주세요.

슬픔에 빠진 학생들은 집중하는 데 어려움을 겪을 수 있습니다. 또한 무언가를 쉽게 잊어버리는 등 기억력 저하도 동반할 수 있습니다. 때로는 친구들과 어울려 지내지 않을 수도 있습니다. 이런 반응이 한 달 이상 지속되지 않는다면, 모두 정상적인 애도 반응의 하나라고 볼 수 있습니다.

5. 오래 힘들어하는 조용한 학생을 놓치지 마세요

초기에 힘들어했던 학생 중 오랜 시간까지 힘들어하는 조용한 학생을 꾸준히 살펴봐 주시고, 관심을 오래 쏟아 주세요. 이런 지속적인 보살핌 자체가 학생을 호전되게 할 것입니다.

과도한 죄책감과 울분에 힘들어하면서도 감정을 드러내지 못하고 스스로 애쓰는 학생이 있는데, 그 기간이 한 달 이상 지속된다면

반드시 긴 면담이 가능한 상담 프로그램에 연결해 주세요.

만일 두 달이 지났는데도 지속적이고 극심한, 힘든 경험을 호소한다면 학생에게 여러 치유적 자원들과의 연결을 고려하고 지원해 주세요. 학생이 사회적·학업적·정서적 또는 가족적 기능에 과도한 어려움을 보이거나 이를 보고하는 경우에는 더 추가적인 지원이 필요합니다. 깊이 내재된 자살 사고思考나 죄책감, 불안, 우울, 소진 등이 치유될 수 있게 충분한 시간과 기회를 주는 것이 필요합니다.

### 6. 계속 이야기를 나누고 싶은 학생도 있습니다

어떤 학생들은 잊지 않기 위하여, 무언가를 주장하기 위하여 혹은 또 다른 특별한 이유로 죽음이나 상실에 대해 말할 기회를 갖고 싶어 합니다. 개별적 대화의 시간을 정해서 이런 아이들의 욕구를 일정한 기간 충족시켜 주는 것도 필요합니다. 추모 업무 혹은 상담 업무를 담당하는 선생님 몇 분이 이런 역할을 해 주시면 좋겠습니다. 그리고 일정한 시간이 지나도 더 대화를 원하는 학생은 외부 상담 기관에 의뢰해 연결해 주세요.

# 전문가가 필요한
# 아이들의 사인(sign)[15]

다음과 같은 어려움에 빠진 학생들을 좋은 전문가와 연결하고, 그 연결이 유지되도록 모니터링하면서 함께해 주시는 것이 필요합니다. 특히 청소년들의 경우, 전문가 혹은 치료자 및 상담가들과 갑자기 연결되기 쉽지 않을 수 있습니다. 이에 선생님과 부모님들의 도움이 꼭 필요합니다.

더불어 어려움에 빠진 학생이 발견된 초기부터 팀을 구성해서 돕는 것이 중요합니다. 절친한 친구부터 부모님, 학교 선생님, 지역사회의 관리자까지 학생이 더 큰 어려움으로 빨려 들어가지 않도록 사회적 지지와 지원을 하는 것이 꼭 필요합니다.

전문가에게 의뢰가 필요한 아이들의 위험 사인 열두 가지는 다음과 같습니다.

① 자살 사고[註]의 증가 혹은 자해 및 자살 시도 행동

② 의학적 소견이 없는 심한 신체적 통증 호소

③ 죄책감 증가와 자존감 감소를 동반한 새로운 우울증의 발생

④ 일체의 부정, 무표정, 얼어붙은 상태의 지속과 죽음의 부정

⑤ 결석, 등교 거부, 고립을 택하는 생활

⑥ 폭발적인 분노 혹은 강력한 공격적 언행이 동반된 적개심 표현

⑦ 고인과의 추억에 대한 지나친, 강렬한 집착

⑧ 고인의 역할이나 책임을 대신하려 하거나 고인의 행동을 지나치게 모방함.

⑨ 음주, 흡연 및 약물에 대한 탐닉

⑩ 죽음에 대한 죄책감이나 책임감이 오래 지속됨.

⑪ 수면 또는 식사 패턴의 변화로 등교가 어려울 정도로 힘들어함.

⑫ 안전하지 않은 방법으로 사망자와 동일시되는 것을 포함하는 위험 감수 행동

# 발달 단계에 따른
# 슬픔과 애도

# 유치원 및 초등 저학년
## (만 3~8세)

1. 유치원 및 초등 저학년 학생이 보이는 죽음에 대한 이해와 반응

어린이도 어른들이 울고 힘들어하며 자신들을 돌보는 분위기가 달라지면, '무언가 큰일이 났구나.' 하고 알아차립니다. 심각한 일이 일어난 것을 알긴 하지만 정확히 언어로 표현하기 힘들어할 뿐입니다. 어른들에게서 나타나는 불안, 위협감을 느끼면서 정서적 반응이나 행동으로 표현합니다.

유치원생들은 아직 자기중심적 사고에서 크게 벗어나지 못한 경우가 많습니다. 죽음이 자신에게도 일어날 수 있다는 생각은 하지 못하지만, 고인의 죽음이 자신과 연관되었다고 생각합니다. 민감한

아이들은 자신이 잘못해서, 혹은 자신이 착한 행동을 하지 않아서, 자신이 말을 듣지 않아서 벌어진 일이라는 걱정을 하는 마술적 사고magical thinking에 사로잡히기도 합니다. 이때 죽음은 흔히 귀신이나 유령으로 의인화됩니다.

자신이 미워했기 때문에 누군가가 죽었다고 생각하는 아이들은 마음속에 큰 자책감을 가진 채 성장하게 됩니다. 이런 생각을 가진 아동은 사건과 관련된 큰 책임감을 마음속으로 남모르게 가질 수도 있습니다.

이 시기 아이들의 슬픔은 짧고 강렬하지만 또 잘 달래지기도 합니다. 혼자가 되는 순간을 어려워하고 고인의 부재에 대한 질문을 하거나 불안, 그리움 등을 표현할 수 있습니다. 동시에 같은 질문을 하루에도 여러 번 던지면서 자기를 안심시켜 주기를 원하는 아이들도 있습니다.

이 시기에 아동은 이전보다는 죽음을 더 잘 이해할 수 있습니다. 동화적 환상이 여전히 있지만 일단 죽음이 생명의 종말이라는 현실을 이해할 수 있는 인지적 발달 단계에 있습니다. '죽으면 더 이상 만날 수 없다, 죽으면 더 이상 움직이지 않는다.'라는 사실은 알지만 이성적으로 이런 죽음의 의미를 이해하거나 수용하는 단계는 아닙니다.

유치원생이나 초등 저학년 학생들은 자신의 느낌을 표현할 수 있는 어휘력이나 혹은 표현 방법의 부족 등으로 어려움을 겪습니다. 이런 어려움이 어리광과 같은 퇴행 행동, 악몽을 동반한 수면 문제, 알 수 없는 짜증과 분노로 나타나는 것은 드문 일이 아닙니다. 어린 아동들의 힘든 애도가 퇴행과 공격성으로 표출될 수 있다는 것을 우리는 잘 알고 있어야 합니다. 특히 남자아이들의 경우는 더 자주 공격적인 방식으로 애도 감정을 표현하는데, 이것을 반항이나 불순종으로 오해하는 일은 없어야 할 것입니다.

2. 유치원 및 초등 저학년 학생이 힘들어할 때 나타나는 정서 반응이나 행동

- 과도하게 불안해하기
- 더 빈번하게 울기
- 잠을 제때 자지 못하거나 혼자 잠들지 못하고 악몽을 꾸기도 함.
- 먹는 것을 힘들어함.
- 달라붙음, 안겨 있으려는 욕구를 반복해서 표현함.
- 분리 불안, 떨어지는 것을 더 힘들어함.
- 엄지 빨기, 손톱과 발톱 깨물기
- 아기처럼 말하기
- 야뇨증 혹은 빈뇨증과 같은 배뇨 불안과 곤란 호소하기
- 짜증이 훨씬 늘어남.
- 옷 입기나 밥 먹기 등에서의 퇴행
- 아기 우유병을 원하기도 함.

3. 힘들어하는 유치원 및 초등 저학년 학생을 돕기 위한 교사 혹은 부모들의 일반적 지지와 지원 활동

- 더 많은 시간을 함께 있어 주기
- 신체적 접촉 늘리기
- 식사와 수면을 최대한 규칙적으로 하도록 돕기
- 단순하고 솔직하고 짧게 답변해 주기
- 동일한 질문에 짜증을 줄이고 반복적으로 친절하게 답하기
- 신체를 활용하는, 상상력이 요구되는 놀이 시간 만들기
- 죽음과 관련된 의식에 아이가 일부 참여하기
- 아이가 놀 때 꾸짖지 않고 허락하기
- 분노와 신체적 표현을 일정한 한도 내에서 허락하기
- 아이가 잠시 더 어리게 행동하는 걸 허용하기
- 또래 아이들과 최대한 어울려서 슬픔을 해소할 수 있도록 격려하기
- 또래 아이들이 슬픔을 다루는 법을 보고 같이 따라 할 수 있도록 돕기

# 초등 고학년
## (만 9~11세)

### 1. 초등 고학년 학생이 보이는 죽음에 대한 이해와 반응

초등 고학년 학생들은 어느 정도 논리적인 사고가 가능하고 죽음의 사실적 요소에 대해 진지한 궁금증을 갖습니다. 실제로 죽음을 맞은 사람에게 일어나는 신체적·정신적 변화에 대해서도 많이 알고 또 다양한 방식으로 질문하기도 합니다. 혹시 아이가 죽음에 대해 지나치게 질문을 해 온다면 아이를 유심히 지켜보셔야 합니다.

이 시기의 아이들은 "나도 같이 죽어서 죽은 할아버지와 함께 있었으면 좋겠다." 같은 어른들이 놀라워할 정도의 표현으로 고인에 대한 깊은 그리움을 절절히 나타내기도 합니다. 이럴 때 아이가 죽은 사람과 함께하고 싶은 욕구가 애도의 발현인지 아니면 우울한 마음의 표현인지를 구별하기란 어렵습니다. 그러므로 아이의 표현을 진지하게 받아들이고 탐구해야 합니다. 아이들이 고인과 함께하고 싶은 욕구를 자주 표현한다면 전문가의 개입이나 연결을 요청하는 것이 좋습니다.

학년이 올라가면서 초등학생들은 죽음이 하나의 종말일 뿐 아니라 비가역적이라는 것을 이해하기 시작합니다. 한번 죽으면 영원히 돌아올 수 없다는 영속성에 대한 이해가 뚜렷해지기 시작하면 자신의 죽음을 포함해 죽음에 대한 걱정이 더 커집니다.

착한 사람이기를 바라는 일부 아동들은 죽음이 처벌이 아닌가 생각하기도 합니다. 저학년 때 주로 했던 자신의 행동이 죽음에 영향을 줄 수 있다는 생각도 남아 있습니다. '내가 더 나은 자식이었다면, 아마도 우리 엄마는 여전히 살아 있었을 거야.'라고 생각할지도 모릅니다.

초등 고학년 학생들은 사람들의 반응을 더 많이 의식하게 되고 어떻게 행동하는 것이 올바른지도 점차 생각할 줄 알게 됩니다. 그러므로 가족 안에서 죽음에 대해 잘 설명하고 정서적으로 지지하고 보호하는 것이 아주 중요한 치유가 됩니다. 하지만 가족 중 누군가가 사망했을 경우 가족 안에서 일어나는 지위나 역할의 변화에 대해 새롭게 적응할 시간이 필요합니다. 죽은 가족을 닮았다는 말을 자주 듣는 것은 초등 고학년 학생의 마음을 복잡하게 할 수 있습니다. 슬픔의 감정과 죄책감 등을 더 강화할 수도 있습니다.

죽음에 대한 이해가 깊어졌지만 그렇다고 죽음에 대한 진지한 생각이 어른에 비해 지속적이지는 않습니다. 어떤 시간에는 아무것도 일어나지 않은 것처럼 놀고 있다가도 다시 우울감에 빠지는 상태가 되어 침체되기도 합니다. 성인이 볼 때는 변덕을 부리는 것처럼 보일 수 있습니다.

초등 고학년 학생들은 저학년 때보다 말할 수 있는 감정적 어휘가 늘고, 놀이나 그림이 아닌 말로 슬픔과 애도의 감정을 표현할 수 있습니다. 다만 자기중심적 관점은 여전히 남아 있고 동시에 슬픔 대신 분노의 감정을 표현하는 일도 여전히 많습니다.

이 시기의 아동들에게도 감정 표현을 최대한 허용하고 용기를 북돋아 주어야 한다고 생각하는 애도 전문가들이 많습니다. 아이들이 상실에 대해 이야기하는 시간을 반복적으로 갖고 마음속 감정에 대해 표현할 것을 권고합니다.

학교에 출석은 하지만 심리적 안정감을 보이지 못하는 아이들도 많습니다. 졸음, 무기력, 짜증 등으로 집중하기 어려운 상태를 보이는 아이들은 흔합니다. 슬픔에 빠져 힘들어하는 학생들이 얼마간 학교 수업과 생활에 제대로 참여하기 어렵다는 것을 이해해 줄 수 있어야 합니다.

2. 초등 고학년 학생이 힘들어할 때 나타나는 정서 반응이나 행동

- 퇴행 행동의 반복
- 잦은 분노 표현과 싸움
- 주의하고 집중하는 데 어려워함.
- 멍 때리고 있음을 반복함.
- 숙제 또는 과제를 완료하지 않음.
- 졸음, 무기력, 무의욕, 침체된 상태의 지속
- 함구증
- 혼자 있음, 친구를 사귀지 않음.
- 반복되는 지각과 결석
- 부정적이고 비관적인 표현 혹은 낙서
- 외롭고 힘들어하면서 선생님에게, 다른 어른에게 의존적 행동을 함.

3. 힘들어하는 초등 고학년 학생을 돕기 위한 교사 혹은 부모들의 일반적 지지와 지원 활동

- 느낌과 정서를 표현할 기회를 충분히 주고 감정을 표현하도록 돕기
- 질문에 가능한 한 명확하고 정확하게 답변하기
- 아이들이 직간접적으로 표현할 수 있는 예술 활동을 함께하기
- 신체적 발산을 위한 스포츠, 게임, 산책 등을 위한 시간 만들기
- 학업량을 조절해 주고 학업을 지원해 주기

- 일상생활을 잘 유지하도록 최대한 돕되, 특히 휴식과 놀이를 탄력적으로 제공하기
- 가능할 때마다 학생에게 선택권 주기
- 학생에게 당신이 학생을 아끼고 생각하고 있다는 것을 알려 주기
- 함께 공부하거나 대화할 수 있는 친구 붙여 주기
- 학생이 교실에서 벗어나서 갈 수 있는 '안전한 공간' 만들어 주기

5장 발달 단계에 따른 슬픔과 애도

# 중학생
## (만 12～14세)

1. 중학생이 보이는 죽음에 대한 이해와 반응

이 시기에 아이들은 큰 신체적 변화를 겪을 뿐만 아니라 일상에 적응하기 위해 스트레스를 많이 받는 상태입니다. 학업, 친구, 가족과의 갈등에 애도로 인한 슬픔이 더해지면 극심한 어려움에 빠지는 아이들이 생길 수도 있습니다.

감정상 다양한 변화가 일어나고 친구들의 영향을 더욱 크게 받는 면이 초등학생 시절과 다른 특징일 것입니다. 또래 관계에서 전해 오는 여러 반응들이 청소년의 애도를 주도할 것입니다. 애도 과정에서 생겨나는 어려움도 가족보다는 친구에게서 도움받고자 할 것입니다.

이전보다 도움을 찾기 위한 지식이나 관계의 범위가 더 커져서 부모나 선생님이 통제하기는 어려워집니다. 이들은 인터넷, 서적 등을 통해 적극적으로 정보를 탐색합니다. 특히 인터넷 검색은 최근 더 주목해야 하는 부분입니다. 청소년 특유의 문화 속에서 죽음이나 사고로 인한 슬픔과 애도가 극단적인 문화와 연결되거나 접촉되어 이세계異世界에 대한 탐닉, 집착이 생겨나기도 합니다.

지식의 수용적 측면에서는 어른과 다를 바 없는 상태에 이릅니다. 다만 이런 큰 변화에 대해 감정을 조절하거나 균형을 잡기가 훨씬 어렵습니다. 감수성이 풍부한 중학생 시기에 접한 가까운 사람의 죽음은 자칫 청소년이 형성하고 있는 가치관이나 세계관에 부정적이고 비관적인 면이 강조되는 영향을 남길 수 있습니다. 초기 사춘기에 경험한 이해할 수 없는 죽음은 인생의 허무와 무상함을 일찍 경험하게 하고 무력감과 절망감을 느끼게 할 수도 있습니다.

죽음에 대한 청소년들의 반응은 보호받고 싶고 도움받고 싶다는 마음만큼 별일 없다거나 특별하게 주목받고 싶지 않다는 욕구도 공존합니다. 실제 자신의 감정이나 상태보다 성숙하게 반응하면서 자신이 아이가 아니라는 것을 과시하고 싶은 아이들도 있다는 것을 알아주시면 좋겠습니다. 청소년들은 죽음에 대해 반응할 때 주변의 시선을 훨씬 의식하게 됩니다.

중학생은 초등학생보다 훨씬 더 높은 수준에서 언어적이고 인지적으로 정보를 처리하며 애도와 슬픔에 대한 자기표현을 할 수 있습니다. 그렇지만 표현이 줄어들거나 어려워하는 아이들도 여전히 많습니다.

죽음에 대한 생각, 특히 자신의 죽음에 대한 생각은 훨씬 깊어지고 남겨진 가족이나 생존자들의 삶에 대해서도 생각하는 폭이 넓어집니다. 사회 제도에 대한 생각도 커져서 죽음과 사회에 대한 사고가 연결되면서 사회적 불만이나 비판 의식이 높아지는 중학생들도 있을 수 있습니다. 수업 시간에 사회 비판이나 추모와 관련된 이야기를 해 보자고 먼저 제안하는 아이들이 나타나는 시기입니다.

애도와 슬픔이 극심한 아이들은 신체적인 증상도 동반해 나타날 수 있습니다. 두통, 위장 문제, 수면 장애 그리고 실신, 공황 발작 경험을 호소하기도 합니다.

하지만 가장 큰 문제는 자책과 함께 자살의 모방 행동 시도 등 자해 및 자살 사고가 본격적으로 증가하는 시기가 중학생 때라는 것입니다. 깊은 애도와 슬픔의 충격으로 이런 자해 및 자살 사고思考를 하거나 친구에 대한 깊은 우정을 자학적 위험 행동으로 표현하려는 학생들이 있습니다. 그들을 찾아 도움을 주는 것이 이 시기부터 선생님께서 하셔야 할 아주 중요한 일이라 할 수 있습니다.


2. 중학생이 힘들어할 때 나타나는 정서 반응이나 행동
- 어른들에 대한 논쟁적이고 반항적인 행동의 증가
- 말수가 적고 침울한 기분이 지속됨.

- 잦은 분노와 친구들과의 싸움 증가

- 졸음 및 집중력·주의력 부족

- 비행 행동, 위험을 감수하는 행동의 증가

- 예측할 수 없는 기분의 변화, 행동의 변화

- 지각, 결석 등 학교생활의 변화

- 도움의 거절, 관련 애도 행사 불참


## 3. 힘들어하는 중학생을 돕기 위한 교사 혹은 부모들의 일반적 지지와 지원 활동

- 적절한 한계를 설정해 주고 자신의 변화를 겪을 기회를 주고 기다리기

- 학생이 필요할 때 지원받을 수 있는 여러 도움을 알려 주기

- 여러 신체 질환 및 통증, 공황 발작 경험 시 의료 기관 진료 및 상담 제공하기

- 학생이 누구에게 어떻게 지원받을 수 있는지 선택하도록 허용하기

- 학교생활에 대한 어려움을 호소할 시, 애도와 추모의 기간 동안 유연한 지원을 고려하기

- 또래들과 함께 도움을 받을 수 있는 방법 알려 주기

- 전화 상담, 인터넷 상담이나 비교적 좋은 정보를 구할 수 있는 사이트 안내하기

# 고등학생
## (만 15〜17세)

### 1. 고등학생의 죽음에 대한 이해와 반응

이 시기가 되면 슬픔과 애도에 관해 추상적으로 이야기할 수 있는 학생이 늘어납니다. 그래서 삶과 죽음에 대해 이성적으로, 철학적으로 사고하는 경향이 높아집니다. 자신의 취약성, 부족함에 대해 인지하는 경우가 많고 이를 드러내지 않고 애도하고 슬퍼하기 위해 노력하기도 합니다. 좀 더 어른스럽게 세상을 이해하고 죽음과 상실을 이해하면서 애도하려 합니다.

하지만 감정적으로는 여전히 큰 어려움을 겪습니다. 자신을 조절하는 데 한계가 있는데요. 때로는 이상적으로 때로는 순수하게 때로는 단순하게 상황을 이해하는 측면도 있습니다. 어른처럼 행동하려고 노력할 뿐이지 아직 어른은 아니라서 그렇지요.

죽음이나 사고의 성격에 따라 애도의 범위가 달라질 수 있다는 점도 이전 시기와는 다른 점이라고 할 수 있습니다. 슬퍼하고 추모하고 애도하는 것이 어떤 의미가 있는지를 생각하고 또 삶과 죽음 등의 본질에 대한 사유도 하게 되며, 죽음을 포함한 여러 상실이 어떤 가치가 있는지도 따져 보게 됩니다. 이 과정에서 죽음을 포함한 여러 상실이 별 가치가 없거나 사회가 신뢰할 만하지 않다고 느끼면 학생들의 애도는 어려워질 수 있습니다. 고인에 대한 새로운 정보 등으로 배신감이나 불신이 생기거나, 의미와 신뢰 그리고 사회적 가치에서 부정당했을 때, 친구들과의 관계에서 우정 또는 사랑에 상처를 입었을 때 겪는 애도와 슬픔의 강도는 심리적으로 더 극심할 수 있습니다.

특별한 관계에 있던 친구를 잃는 경험은 고등학생들에게 더욱 강렬하게 다가가기에 큰 우려를 갖고 대해야 합니다. 자살 시도나 자해, 입원이 필요한 정도의 우울이나 외상 후 스트레스 장애 등은 다른 연령에 비해 고등학생들에게 더 크게 나타납니다.

여러 연구자들은 남녀 청소년이 죽음에 대해 보이는 반응이 다르다고 보고하고 있습니다. 남자 청소년은 공격적 모습이 나타나는 반면에 여자 청소년은 위안을 찾고 안심할 수 있는 일이나 사물, 장소, 관계를 찾는 것으로 나타난다고 합니다.

## 2. 고등학생이 힘들어할 때 나타나는 정서 반응이나 행동

- 부모, 교사 등 성인에게서 멀어져 혼자 있고 싶어 하는 시간이 길어짐.
- 짜증과 분노의 폭발이 잦아짐.
- 비행 행동이나 위험 감수 행동이 증가함.
- 가족, 학교 등에서의 약속, 규칙 위반이 증가함.
- 일상생활의 중단, 학업 및 과제의 포기
- 작은 무리의 친구들과 어울려 다니기만 함.
- 슬픈 얼굴, 울음 흔적, 자해 시도 등의 부정적이고 우울함에 기인한 행동 증가
- 인터넷 검색, 스마트폰 보는 시간 대폭 증가
- 논쟁적 대화와 어른들에 대한 부정과 비난 증가
- 무기력 호소, 회피 행동 증가
- 지각 및 결석, 휴학 호소

## 3. 힘들어하는 고등학생을 돕기 위한 교사 혹은 부모들의 일반적 지지와 지원 활동

- 도움이 필요하다고 동의할 때, 좋은 상담가와 연결해 주기
- 충분한 애도와 슬픔을 경험할 수 있는 기회 주기
- 슬픔, 분노, 죄책감, 후회 등의 감정을 표현할 수 있는 기회를 적절하게 주기
- 지나친 다툼이나 논쟁을 피하고 학생의 태도와 생각을 수용하고 가능

성 인정하기

- 애도의 과정을 잘 안내하고 정보나 도움을 주기
- 학생들이 무력감을 포함, 애도 과정에서 일어날 수 있는 일들을 이해하고 해결할 수 있도록 도와주기
- 건강한 성인의 적절한 슬픔과 애도의 반응을 모델링해 주고 도와주기
- 애도와 추모의 기간 동안 학사 일정과 과제를 유연하게 조정하여 스트레스가 가중되거나 중압감을 느끼지 않게 도움 주기
- 자신만의 방식으로 애도하고 추모하고 슬픔을 정리할 수 있는 기회를 주고, 이에 대한 한계를 잘 설정해 주기

# 죽음을 표현하기[16]

많은 애도 전문가들은 죽음을 완곡하게 표현하기보다는 '죽었다'라는 직접적인 말이 더 도움이 된다고 합니다. '긴 잠에 빠졌다', '하늘나라로 갔다', '다른 세상으로 갔다'와 같은 완곡한 표현보다는 '죽었다'라는 단어를 사용하세요. 완곡한 표현은 슬픔에 잠긴 학생에게는 혼란스러울 수 있습니다. 다른 감정적 공상을 하도록 할 수도 있습니다. 애도 전문가들은 '죽었다'라는 단어를 민감하고 동정적인 태도로 사용하는 것이 더 도움이 된다고 합니다. "그 사람은 죽었어."라고 말해 줌으로써 학생이 죽음을 직접적으로 이해하고 인정하며, 죽음에 따른 문제를 다룰 수 있게 됩니다.

# 6장

# 상황별
# 애도

# 애도의 상황별
# 이해와 도움

죽음이나 사고가 누구에게, 어떻게 일어났느냐에 따라 애도는 다른 양상을 보입니다. 사회에 큰 영향을 끼친 인물의 죽음이나 참사의 경우에는 사회적 관심과 지지가 집중되고 장례, 추모 절차의 규모가 커집니다. 반면 가족이 사망했을 때는 장례 규모는 작아지지만 개인에게 미치는 영향은 더욱 큽니다.

아이돌 스타의 죽음이나 반려동물의 죽음은 아동·청소년에게 특별히 더 힘든 경험이 되기도 합니다. 이들의 애도는 어른보다 SNS의 영향을 더 크게 받을 수도 있으며, 언론의 잦은 보도는 애도를 더 복잡하게 만들 수 있습니다. 헛소문이나 팬덤에 따른 여러 현상들도 이들의 애도 과정에서 더 큰 영향을 일으킨다고 합니다.

# 대상자별
## 애도[17]

### 1. 학생이 사망했을 때

학생의 죽음은 학생이 지내던 학급, 동 학년 등 교내는 물론 학원, 온라인 친구 등 학교 밖 교우 관계까지 영향을 미치는 까닭에 애도하는 사람들의 범위와 영향을 잘 알기가 어렵습니다. 우선 형제자매와 단짝 친구들에 대한 적극적 배려가 가장 필요합니다. 소문이나 유언비어가 많이 돌기에 이에 대한 교육이나 당부도 강조해야 할 필요가 있습니다.

사망 요인이나 사망의 경위에 따라 어려운 애도로 흐르는 경우도 있습니다. 무엇보다 자살이 학생들에게 미치는 영향이 제일 크고 애도가 어렵습니다. 유서에 언급되거나 지목된 친구들 혹은 등장한 사람에 대해서도 각별한 관심과 지지, 배려가 필요합니다. 사고로 인한 사망 역시 장소, 사유 그리고 사회적 지지 여부에 따라 애도가 달라질 수 있습니다. 충분한 사회적 지지가 없을 때 더 적극적인 애도 지원이 필요합니다.

## 2. 교사 혹은 학교 직원이 사망했을 때

교사나 교직원의 사망도 학교 공동체에 큰 영향을 끼칩니다. 지병 등 어느 정도 예측되었던 사망은 학교 관례에 따른 애도 작업을 진행하면 됩니다만 사고사나 자살의 경우 특별한 애도 작업이 요구될 수 있습니다.

교사가 사망한 경우 담임을 맡았던 학급뿐만 아니라 그 교사에게 배웠던 다른 학생들도 영향을 받습니다. 특별한 관계를 맺었거나 애정을 받았던 학생들은 큰 충격에 휘말릴 수도 있습니다.

장례나 추모 절차에 따른 애도 작업을 진행할 때는 유족들의 의견을 최대한 반영해야 합니다. 학교에서는 학생들이 애도를 잘 해낼 수 있도록 관련 정보와 추모 및 장례 절차를 분명하게 공지하고 유족의 방침대로 따라 줄 것을 잘 안내해야 합니다.

## 3. 학생의 가족이 사망했을 때

학생의 가족이 사망했을 때 사망 원인과 상황에 따라 학생의 상태는 매우 다를 수 있습니다. 학생이 받을 영향을 잘 살피고 주변

단짝 친구들이 협조하는 돌봄과 지원을 적절히 하는 것이 가장 중요합니다.

장례 후 복귀 과정에서는 학생의 상태와 참여 정도가 파악되어야 합니다. 갑작스럽고 예기치 않은 죽음이라면 힘들고 어려운 애도로 인하여 학생의 학교 출석과 석응이 어려운 경우도 자주 있습니다. 가족 내 지지 정도를 잘 파악하고 가족 사망 후 개입과 지원을 잘 고려하는 것이 중요합니다.

소문이나 유언비어도 문제가 될 수 있습니다. 학생의 결석에 대한 정보도 유족의 동의하에 명쾌하게 알리는 편이 나을 수 있습니다.

### 4. 학생의 반려동물이 죽었을 때

반려동물의 죽음으로 슬픔과 우울을 호소하는 학생들이 전보다 많이 늘었습니다. 반려동물은 가족과 같은 존재여서 학생들이 큰 영향을 받습니다. 반려동물의 죽음에 따른 상실과 슬픔을 충분히 존중해 주는 것이 필요합니다. 이러한 애도를 위해 시간이 필요하다는 학생이 있다면 가족과 협의 후 그 마음을 존중해 주세요.

반려동물의 죽음으로 발생한 우울증으로 병원을 찾는 학생들도 있습니다. 이런 경우 주변의 이해 부족은 애도를 악화시킵니다. 반려동물의 죽음도 학생들에게는 죽음과 애도, 슬픔과 우울함에 대해 배우고 생각할 수 있는 계기로 작용합니다.

## 5. 아이돌, 정치인 등 유명인이 죽었을 때

청소년들에게 사회적 저명인사의 갑작스러운 죽음은 강력한 영향을 끼칩니다. 특히 이상화하고 마음의 친구처럼 여기던 연예인의 죽음이 모방 자살과 같은 사회적 현상으로 이어진 전례가 여러 번 있었습니다. 청소년들에게 모방 자살을 일으킬 수 있는, 가장 심각하고 큰 영향을 주는 것은 동성의 유명인이 자살했을 때입니다. 이를 유념하시고 연예인의 사망 사건이 일어나면 애도와 함께 관련 학생이나 팬클럽, 유명한 인터넷 게시판 등의 동향을 파악하여 적극적으로 대처할 필요가 있습니다.

고인을 추모하는 활동, 주변 친구들과의 관계에 대해 잘 살펴보고 청소년들이 충분히 애도할 수 있도록 도와야 합니다. 이런 애도가 이해받거나 지지받지 못하면 사회에 대한 부정적이고 비관적 인식이 생기고 삶의 만족도가 현저하게 떨어지기도 합니다.

유명인의 죽음에 대한 애도와 지혜로운 대화가 학생들에게도 필요합니다. 유명인의 죽음을 온전히 이해하기란 어른에게도 쉬운 일이 아닙니다. 우리는 함께 애도하면서 삶과 죽음에 대한 질문을 던지며 살아갈 수밖에 없습니다. 모든 문제에 답을 주려고 노력하실 필요는 없습니다. 하지만 학생들을 적극적으로 이해하려는 노력과 애도와 추모를 지원하는 것, 고위험군인 학생들을 살피고 돌보는 것이 매우 중요한 활동임을 잊지 마세요.

# 상황에 따른
# 애도의 차이

## 1. 죽음의 방식

죽음은 흔히 네 가지로 분류됩니다. 자연사, 사고사, 자살, 피살입니다. 노인의 자연사보다 아동·청소년 사고사의 애도가 더 힘듭니다. 원인을 알 수 없거나 원인이 복잡한 죽음 역시 애도를 어렵게 합니다.

## 2. 죽음의 방식에 따른 애도 특성의 차이[18]

힘들고 어려운 애도가 되는 요소들은 죽음과의 관련성, 죽음의 돌발성, 갑작스러움, 죽음의 이유나 원인의 여부 등과 관련이 있습니다. 워든의 책에 소개된 죽음의 방식에 따른 애도의 특성 차이를 간략히 설명하겠습니다.

① 근접성: 멀리 떨어진 곳에서 발생한 죽음은 유족들에게 비현실감을 줄 수 있습니다.

② 돌발성 혹은 기대감: 돌연사로 사망한 고인의 가족 중에서도 특히 어린이들이 사전에 경고를 받은 사람에 비해 1~2년 정도 더 어려운 시간을 보낸다고 합니다.

③ 횡사 또는 외상성 죽음: 사고사의 경우 유족들은 더욱 무기력해집니다. 고인이 살해된 경우 죄책감은 죽음과 작별하는 핵심 요소가 되고 폭력에 의한 죽음은 유족이 세상을 보는 관점을 파괴해 버려 애도가 더욱 어려워집니다.

④ 다중 상실: 가족 중 한 명이 아니라 부인과 자녀, 혹은 남편과 자녀, 혹은 부모 둘을 잃게 되는 다중 상실이 일어나면 애도에도 과부하가 생깁니다. 지나친 사별 슬픔과 고통으로 애도가 진행되기 어렵습니다. 삶이 완전히 파괴되었다는 느낌이 더 큽니다. 특별한 지원과 관심이 필요합니다.

⑤ 예방 가능한 죽음: 고인의 죽음이 예방 가능했던 것으로 간주되면 남아 있는 사람들에게는 죄책감, 비난, 과실 여부에 대한 잘잘못의 문제가 남게 됩니다. 법적 소송이 제기되고 죽음을 마무리하는 과정이 연장됨에 따라 애도도 연장됩니다.

⑥ 모호한 죽음: 전쟁, 비행기 추락, 실종 등으로 시신이 수습되지 않는

상황이라면 가족들은 그 사람의 생존 여부를 분명하게 알기 어렵습니다. 애도자가 희망을 가지고 버텨야 할지, 사별을 애도해야 할지 몰라 난처해지기 쉽습니다. 이때는 사회적 애도 지원이 매우 중요합니다. 위령탑이나 기념비 혹은 추모 공간을 마련하는 등의 지원이 애도에 도움이 됩니다.

⑦ 만성 질환에 의한 죽음: 장기간의 투병 끝에 사망하게 된 죽음은 애도 준비가 가능하다는 측면이 있지만 간병 과정에서의 정신적 소진, 경제적 어려움의 증가, 장기간의 치료에 대한 실망감 등으로 인해 기대와 다르게 애도가 어려울 수도 있습니다.

⑧ 자살에 의한 죽음: 자살은 주변 사람들에게 애도를 어렵게 하는 많은 요인을 남깁니다. 남은 가족들의 자살 가능성도 높아진다고 세계 보건 기구는 보고 있습니다. 그만큼 애도가 병적으로 진행될 수도 있습니다.


## 3. 아동·청소년의 인식 및 태도와 애도 지원[19]

① 자살

학생의 자살은 유족이나 친구들에게 여러 면에서 인지 및 감정의 변화를 만듭니다. 자살을 수치스러워하거나 사회적 낙인으로 여기는 사람들도 여전히 존재합니다. 그래서 자살이 발생하면 고인과 가까운 사람들을 돌보는 것이 아주 중요한 일입니다. 친구, 선생님, 유족을 적극적으로 상담하고 돌봐야 합니다.

자살로 인해 고인의 형제자매들은 사회적 활동을 철회하거나 친했던 친구들과의 관계가 크게 변화하기도 합니다. 사회적으로 고립되고 많은 일이 허무해지기도 하며 사람 사이의 신뢰를 어렵게 생각하게 됩니다.

많은 부모나 어른들이 아이의 자살이라는 주제에 노출되는 것을 불편해하지만, 아이들은 신뢰할 수 있는 어른들로부터 진실을 듣는 것이 중요합니다. 자살이 일어났을 때 학생들은 어른들이 알든 모르든 간에 그들끼리 대화를 나누며 소통합니다. 사실을 숨기기보다 투명하게 공유하고 충분히 애도할 수 있게 좋은 방법을 마련해 주는 것이 필요합니다.

② 살해 또는 폭력적 죽음

예기치 못한 폭력 사건으로 죽임을 당할 수도 있습니다. 이런 죽음은 애도자들이 사회로부터 더욱 고립되지 않게 지원이 절실합니다. 피살 또는 타살은 종종 안전, 통제력 상실, 두려움, 분노, 무력감과 관련된 문제들을 불러일으킵니다. 심리 안정과 사회적 지원이 강력하게 제공되어야 할 수도 있습니다. 심각한 트라우마가 되지 않도록 하는 개입도 필요합니다.

사건 현장이 학교인 경우도 있습니다. 이런 경우 목격자나 생존자 등에 대한 심리 외상적 개입은 필수적입니다. 불안과 두려움을 완화하고 공동체를 회복할 수 있는 강력한 연대와 추모, 안전에 대한 활동이 필요합니다.

무엇보다 언론 노출에 대한 원칙을 확고하게 두고 트라우마가 재차 확산되지 않게 해야 합니다. 이런 대처가 잘못되면 개인뿐 아니라 공동체 전체가 무력해지기도 합니다.

③ 사고로 인한 죽음

불행하게도 학교 행사나 자연재해 등으로도 학교 구성원들이 다치고 죽는 일은 계속 일어나고 있습니다. 학교뿐만 아니라 사회 전체가 영향을 받고 애도를 힘들어하는 경우가 많습니다. 진상 규명, 법적 처벌, 사회적 애도, 제도적 예방 조치 등이 잘 이루어져야 가족, 친구, 사회관계 속에 있는 모든 사람이 애도할 수 있습니다.

사고로 인한 갑작스러운 죽음은 허무함, 공허함, 무력감 등을 수반하고 안전에 대한 불안감이 커지게 만듭니다. 사고사도 아이들에게 깊이 영향을 줄 수 있으므로 애도와 추모를 통해 불안, 무력감, 공허함이 회복될 수 있도록 도울 필요가 있습니다. 이러한 죽음에는 특히 사회적 애도와 지지가 중요한 애도의 요소가 됩니다.

특히 대형 참사로 이어진 사고사에서 사회의 태도는 매우 중요합니다. 유족과 사회적 구성원의 애도가 잘 일어나도록 국가가 지원하고 애도의 분위기와 절차, 사회적 책임과 권한을 바르게 사용하고 지원하는 것이 필수적입니다.

④ 만성 질환으로 인한 사망

가족 구성원이 질병으로 사망했을 때 학생들은 종종 자신의 건강에 대해 걱정합니다. 죽음에 대한 두려움이 커지고 질병에 대한 강박이 생기는 경우도 있습니다. 가족의 질병이 본인에게도 나타나는 것에 대한 두려움은 생각보다 깊습니다. 애도와 함께 안심할 수 있는 여러 지원이 필요합니다. 의학적 지식이나 도움도 필요합니다. 위축되지 않고 건강하게 살 수 있는 방법을 알려 주는 것이 필요한 학생들도 있습니다.

# 심리 안정화 기법
# 네 가지[20]

아이들이 불안해하고 불안정한 분위기가 교실 내에 흐를 때 선생님들이 해 보실 수 있는 개인적·집단적 심리 안정화 기법은 여러 가지가 있습니다. 그중에서 가장 쉽고 많이 쓰이는 것을 소개합니다. 10점을 만점으로 두고 자기가 긴장되는 정도를 적어 둔 다음, 안정화 기법 시행 이후 몇 점인지를 점검하게 하면 나아지는 정도를 눈으로 확인할 수 있습니다.

## 1. 심호흡법

심호흡법은 부교감 신경을 활성화하여 심리적 안정을 주는 가장 기본적이고 쉬운, 효과가 좋은 심리 안정법입니다.

① 숨을 코로 깊게 들이마시세요. 그리고 입으로 '후~' 하며 천천히 내쉬세요. 들이마실 때보다 더 길게 끝까지 내쉬어 보세요.

② 이번에는 눈을 감고 숨을 크고 깊게 들이마셔 보세요. 그리고 다시 입으로 '후~' 하면서 더 길게 끝까지 내쉬어 보세요.

③ 이번에도 다시 눈을 감고 숨을 크고 깊게 들이마셔 보세요. 그리고 다시 입으로 '후~' 하면서 더 길게 끝까지 내쉬어 보세요. 내 마음속에 있는 불편한 것들을 몸에서 내보낸다는 마음으로 숨을 내쉬어 봅니다.


## 2. 나비 포옹법

나비 포옹법은 EMDR<sup>Eye Movement Desensitization & Reprocessing</sup>의 요소를 살린, 즉 양측성 운동을 할 때 심리적 안정이 형성되는 원리를 적용한 심리 안정 기법입니다.

① 눈을 지그시 감거나 혹은 살짝 눈을 뜬 상태로 해도 무관합니다.

② 두 팔을 가슴 위로 교차해 손을 팔뚝에 놓아 주세요.

③ 두 손을 번갈아 가며 날갯짓을 하듯이 팔을 살짝 두드려 주세요.

④ '마음에 떠오르는 것은 구름처럼 지나가리라.' 하는 생각을 하며 10~15회 내외로 날갯짓을 해 주세요.

⑤ 팔을 아까와는 반대로 포갠 후, 다시 두 팔을 번갈아 가며 나비가 날갯짓을 하듯 두드려 주세요. 이것이 한 세트입니다.

⑥ 다시 팔을 풀고 가벼운 심호흡을 해 주세요.

⑦ 혼자서 해도 좋지만 함께해도 좋습니다.

⑧ 이렇게 4~5세트를 하고 나서 마음 상태를 느껴 봅니다.


### 3. 착지법

착지법은 피터 레빈Peter A. Levine이라는 분이 개발한 신체 감각 체험 치료Somatic Experiencing에서 강조하는 기법으로, 몸으로부터 지면으로부터 분리되지 않게 안정된 신체 감각을 갖도록 돕습니다.


① 가볍게 심호흡을 합니다.

② 발을 적당히 벌리고 발바닥을 땅에 최대한 닿게 합니다.

③ 지구가 날 붙잡아 아래로 당긴다는 느낌을 가져 봅니다.

④ 발가락을 꼼지락거려 보기도 합니다.

⑤ 발뒤꿈치를 들었다가 쿵 하고 내려놓아 보세요. 그런 다음 발뒤꿈치를 지그시 들었다 내려놓으면서 바닥을 느껴 보세요.

⑥ 나는 '지금 여기에 있다.'라고 두세 번 되뇝니다.

⑦ 가볍게 심호흡을 합니다.


### 4. 안전지대법

안전지대법은 조건 반사를 이용한 안정 기법입니다. 조건은 장면이고 반사는 편안한 기분입니다. 조건 반사는 한 번에 만들어지지는 않지만 반복하면 형성됩니다. 무릎을 두드리는 것도 조건 반사를 늘리는 방법 중 하나입니다.

① 가볍게 눈을 감습니다.

② 나만의 안전지대를 떠올립니다.

③ 안전지대를 떠올리면서 좌우 교대로, 스무 번 정도 자신의 무릎을 두드립니다.

④ 안전지대가 확실히 떠오르면 두드림을 멈추고 안전지대 속으로 들어간다고 생각해 보세요.

⑤ 안전지대 속에 있는 자신을 상상하며 편안한 느낌을 가져 보세요.

⑥ 나는 안전하다고 다섯 번 이상 되뇌고, 안전지대 속에 편히 있는 상상을 유지해 주세요.

⑦ 하나, 둘, 셋을 세면서 안전지대에서 서서히 나오세요.

⑧ 이제 눈을 뜨고 편안해진 마음을 다시 느껴 보세요.

2부

슬픔과 애도
실천하기

# 7장

# 슬퍼하는
# 이들을 위한
# 위로의 말

# 실패한
# 위로

유족에게 애도의 마음을 표할 때 어떤 말부터 꺼내야 할지 몰라 어렵다는 분들이 많습니다. 유가족이나 피해 가족, 생존 학생 등과 대화하기란 참 어렵습니다. 공감과 위로를 건네고 싶지만 제대로 말하지 못할까 봐 걱정도 됩니다. 우리는 위로를 전하는 방법을 제대로 배우지 못했습니다. 상대방의 입장이 되어 보는, 역지사지의 경험도 충분히 해 보지 못했습니다.

교육 운동가로 널리 알려진 파커 J. 파머Parker J. Palmer는 우울증에 걸렸을 때 자신을 찾아온 방문객들이 어떻게 위로에 실패했는가를 이렇게 설명합니다.[21]

"날씨가 좋네요. 햇볕을 쬐며 꽃을 보면 분명 기분이 나아질 거예요."라는 말은 햇볕을 쬐어도 기분이 나아지지 않았던 파머에게 더 깊은 우울을 느끼게 했다고 합니다. 한편 "당신은 아주 좋은 사람이에요. 일을 아주 잘하잖아요. 당신이 좋아했던 일을 떠올려 보세요. 기분이 나아질 거예요."라는, 또 다른 방문객이 했던 이 말은 자신이 한때 일을 진짜 잘했는데, 지금 이렇게 누워서 아무 일도 못 하고 있다는 상태를 더욱 잘 느끼게 해 주어 더 우울하게 만들었다고 합니다. 그리고 "당신 기분이 어떤지 알아요. 저도 우울해 봤거든요. 하지만 곧 기분은 나아질 거예요. 너무 염려하지 말아요."라고 말한 방문객에게는 화가 아주 많이 났다고 합니다. 기분이 쉽게 나아지지도 않을 것 같았고 걱정은 태산 같았는데 염려하지 말라고 하는 말은 자신을 전혀 공감하지 못하는 말이었다고 합니다.

# 듣고 싶은 말 vs
# 해야 하는 말

누군가를 위로할 때, 사람들은 상대방의 무언가를 고쳐 주고 싶다거나 그에게 영향력을 발휘하고 싶은 마음이 앞선 나머지 자신이 듣고 싶은 말이나 자신에게 필요한 말을 한다고 합니다. 위로가 필요한 사람에게 도움이 되는 말을 건네는 것이 얼마나 어려운지 아는 것이야말로 위로의 시작일 수 있습니다. 위로는 함께하려는 마음과 그 마음을 표현하는 말을 준비하는 것에서 시작됩니다.

위로하는 마음을 가장 잘 배울 수 있는 문학 작품으로 리타 모란Rita Moran의 「부탁입니다」라는 시가 많이 읽힙니다. 그 시를 소개해 보겠습니다. 아이를 잃은 엄마의 마음이 고스란히 녹아 있는 작품입니다.

## 부탁입니다 Please

리타 모란

제발, 내가 슬픔을 극복했는지 묻지 말아 주세요.
나는 결코 극복하지 못할 겁니다.

제발, 그 아이가 여기보다 더 나은 곳에 있다고 말하지 말아 주세요.
그 아이는 내 곁에 없으니까요.

제발, 그 아이가 더 이상 고통받지 않는다고 말하지 말아 주세요.
나는 아직도 그 아이가 왜 아파야 했는지 이해할 수 없습니다.

제발, 내 마음을 이해한다고 말하지 말아 주세요.
당신도 아이를 잃었다면 모를까요.

제발, 내 마음이 좀 나아졌냐고 묻지 말아 주세요.
사별의 아픔은 회복되는 것이 아닙니다.

제발, 그 아이와 많은 시간을 함께하지 않았느냐고 말하지 말아 주세요.

당신은 당신의 아이가 몇 살에 죽으면 괜찮을 것 같은가요?

제발, 신은 우리에게 극복할 수 있는 고통만 주신다고 말하지 말아 주세요.

그저 당신의 마음도 아프다고만 말해 주세요.

제발, 당신이 내 아이를 기억하고 있다면 그렇다고 말해 주세요.

그저 내가 내 아이에 대해 말할 수 있도록 들어 주세요.

제발, 내 아이를 잊지 말아 주세요.

제발, 내가 마음껏 울 수 있도록 해 주세요.

# 해서는 안 될 말과
# 위로의 힘을 지닌 말

　아무리 좋은 의도가 담겼다고 할지라도 상투적으로 하는 말은 위로가 되기 어렵습니다. 요구가 담긴 말도 그렇습니다. "울지마.", "강해져야 해." 등은 요청에 해당되며 부담을 주므로 좋은 위로라고 볼 수 없습니다.

　망자는 네가 슬픔에 빠져 있기를 바라지 않을 것이라는 식의 권고도 도움이 되지 않습니다. 즉 "네 엄마/아빠는 네가 힘들어하는 것을 원하지 않을 거야.", "자녀분은 당신이 빨리 일상으로 복귀하기를 바랄 거예요." 같은 말은 그저 말하는 사람의 의도일 뿐입니다.

　종교를 이유로 특정한 행동을 권고하거나 애도를 단축하려 들고

143

특정한 생각을 기원하는 것도 위로에 도움이 되지 않습니다. 이런 언행은 종교에 대한 불신이나 회의를 조장해 애도를 어렵게 합니다. "모두 하느님의 계획이다.", "하느님 곁으로 먼저 간 것이다." 같은 말이 이에 해당합니다.

"네 마음 얼마나 힘들지 다 알아.", "아이고 얼마나 괴롭냐, 내가 다 겪어 봐서 안다." 같은 말도 하지 않는 것이 좋습니다. 모두가 겪는 고통이 다르고 각자 처한 상황이 다른데, 마치 사람의 마음을 다 안다는 식의 발언은 공감을 나눌 수 없다는 느낌만 남길 뿐입니다.

어찌 보면 말을 줄이고 진중한 태도로 함께 애도하려는 마음을 전달하는 것이 더 효과적일 수 있습니다. 마음만 잘 전해 주고자 하는 태도로 충분합니다.

애도하는 이에게 상처를 줄 수 있는 말 중 대표적인 열 가지는 아래와 같습니다.


1. 잘못 알고 있는 위로의 말 열 가지

- 좋은 곳으로 갔을 거예요.

- 지금 어떤 심정일지 잘 알고 있습니다.

- 아마 하늘에서 더 빨리 필요했는지도 몰라요.

- 더 이상 고통스럽지 않은 곳으로 갔다고 생각해요.

- 다 괜찮아질 겁니다. 염려 마세요.

- '신의 뜻일 수도 있으려니…….'라고 생각해 보세요.

- 시간이 약입니다. 시간이 지나면 덜 고통스러울 거예요.
- 좋은 기억 잘 품고 보내 주어야지요.
- 이제 다 끝나 버린 일이니, 마음 돌리세요.
- 산 사람은 살아야지요.

그리고 다음의 말은 충분하지 않지만 약간의 위로를 줄 수 있다고 합니다. 만일 마음속에서 특정한 말을 꺼내기 어렵다면 포옹을 하거나 손을 잡아 주는 것도 좋습니다. 안타까운 마음과 도움을 주고 싶은 마음 등이 전달되는 것이 중요합니다.

## 2. 위로에 가까운 말 열 가지
- 어떤 말로도 위로가 되지 않을 것으로 생각합니다.
- 마음이 너무 아픕니다.
- 함께하는 마음으로 저도 같이 노력하겠습니다.
- 필요한 도움이 있다면 말씀해 주세요.
- 마음속에 잘 간직하고 함께하겠습니다.
- 잊지 않고 가슴 깊이 기억하겠습니다.
- 힘이 되어 드리고자 노력하겠습니다.
- 정말 안타깝고 애석합니다.
- 너무 힘드실 것 같아 애통합니다.
- 참으로 안타까운 마음입니다.

# 학생들이
# 위로를 표현하도록
# 돕기<sup>22</sup>

학생들에게 위로와 공감을 가르치는 것도 중요합니다. 학생들은 자신의 발달 수준에 따라 자연스럽게 행동할 수 있습니다. 발달 수준을 뛰어넘는 말과 행동을 가르칠 수는 없지만 격식에 맞는 태도는 알려 줄 수 있습니다. 예를 들어 보고 싶은 마음을 전하기, 사랑하는 마음을 전하기, 같이 즐겁게 놀았던 것을 기억하기 등은 아이들과도 할 수 있는 진지한 표현들입니다.

1. 어린이와 청소년에게 하지 말아야 할 위로의 말 열 가지
 ① 충분히 오랫동안 슬퍼했으니 그만 했으면 좋겠다.
 ② 이제 슬픔을 극복하고 할 일을 해야 하지 않겠니.

③ 아무 일도 없었던 것처럼 행동해야 할 때가 슬슬 되지 않았을까.

④ 슬픔에 빠져 있지 말고 이제 뭘 좀 하자.

⑤ 할 만큼 한 것 같다.

⑥ 그래도 형이(누나가, 언니가, 오빠가) 있잖아.

⑦ 이 일로 더 강해지지 않을까.

⑧ 애도도 추모도 할 일을 하면서 해야 될 거 아냐.

⑨ 생각날 일을 만들면 자꾸 자극되는 것 아닐까.

⑩ 학교를 떠나면 잊히는 일이 다반사다.


## 2. 어린이와 청소년에게 권하는 위로의 말 열 가지

① 네 생각을 많이 하고 있다. 어떻게 지내고 있니?

② 지금 가장 필요한 것이 무엇인지 말해 줄 수 있니?

③ (이번 주) 언제 만나서 도움을 줄까?

④ 힘든 것을 충분히 표현해도 괜찮아.

⑤ 언제든지 도움을 요청해도 좋아.

⑥ 그렇게 느낄 수 있어. 그럴 수도 있단다.

⑦ 많이 힘들겠다. 어떤 것이 제일 힘드니?

⑧ 힘들면 실컷 울어도 돼.

⑨ 네 탓이 아니야, 네 책임이 아니야.

⑩ 많이 그리울 것 같아, 잊지 않고 기억할게.

# 동정보다 공감,
# 시혜보다 권리,
# 희생보다 헌신

슬픔에 처한 사람들이 힘들어하는 일 중 하나는 자신이 동정이나 시혜의 대상이 되는 것입니다. 무엇을 제공받을 때도 그것이 순수한 봉사인지, 열정적 헌신인지, 동정적 자선인지, 아니면 정치적 생색내기인지를 감정적으로 느끼기 때문에 힘든 순간이 많다고 합니다.

이들은 자선이나 시혜를 받기보다는 참여할 수 있는 권리가 보장되길 바랍니다. 가령 참사의 부당함을 표출해야 한다면 동정받기보다는 같은 국민으로서, 안전할 권리를 함께 주장해야 하는 시민으로서 연대하기를 바랍니다.

슬픔을 겪는 사람을 대하는 태도 면에서 가장 많이 회자되고 또

논란이 되는, 대화상으로도 민감한 차이가 있는 공감과 동정의 차이를 간략히 표로 소개해 봅니다.

● 공감Empathy과 동정Sympathy의 차이

|  | 공감 | 동정 |
|---|---|---|
| 수직적 관계 |  | ○ |
| 수평적 관계 | ○ |  |
| 타인의 입장이 되어 봄 | ○ |  |
| 자신의 입장에서 바라봄 |  | ○ |
| 감정의 이입 | ○ |  |
| 타인을 이해 | ○ |  |
| 타인을 향한 감정의 깊이 | 깊음. | 깊지 않음. |
| 타인을 향한 충고나 조언 | 하지 않음. | 할 수도 있음. |
| 타인과 연결된 느낌 | 강함. | 강하지 않음. |
| 도움받았다는 느낌 | 강함. | 강하지 않거나 비난받은 느낌도 있음. |

미국의 심리학자 브레네 브라운Brené Brown의 강좌와 함께 만들어진 애니메이션 영상도 공감과 동정을 구분하는 데 큰 도움을 받을 수 있습니다.

https://www.youtube.com/watch?v=W9YSNpkPJI4

# 8장

# 학교 구성원 사망 시 애도 과정과 학교의 일

# 죽음을 맞닥뜨린
# 학교가 할 일

교사나 학생의 죽음은 학교 구성원에게 큰 영향을 미칩니다. 나쁜 영향은 줄이고 좋은 영향은 높이기 위해서, 학교는 모든 구성원들에게 그들이 어떤 노력을 해야 하는지 알려 주어야 합니다.

그동안의 여러 사건들을 통해 우리는 학교가 죽음을 상대로 어떤 역할을 해야 하는가에 대한 경험을 쌓아 왔습니다. 그 결과로 교육청이나 학교에서는 비극적인 여러 상황에 대한 대응 매뉴얼을 제작하여 보다 나은 애도를 실천하고자 노력하고 있습니다.

매뉴얼들은 나라에 따라, 지역에 따라, 또한 교육청 혹은 학교마다 각자의 경험에 기반하여 제작되므로 그 내용에 다소 차이는 있을 것입니다. 현재는 여러 연구자들도 학교에서의 위기 수습 과정을 안내하는 서적을 출판하여 더 좋은 활동과 대응 방법을 안내하고 있습니다. 여기에서는 몇 권의 책과 매뉴얼을 참고하여 학교 구성원이 사망했을 때 취해야 할 행정 업무를 소개하고자 합니다.

# 비상 대응팀
## 소집

전문가들은 교내에 비상 대응팀*을 구성하고 이 팀을 중심으로 활동할 것을 권합니다. 마음을 다해 움직일 수 있어야 하고, 위기에 따른 대응 목표를 이루기 위해 가장 적합한 팀이어야 합니다.

전문가들은 비상 대응팀의 구성 인원은 4~8명, 최대 10명이 넘지 않는 선에서 보통 학생 100명당 1명의 위원을 제안하고 있습니다. 이 비상 대응팀은 위기 대응 교육 능력, 상담, 행정, 돌봄, 외부 자문 능력이 있는 사람으로 구성하는 것이 좋습니다. 그리고 이 팀

---

\* 평소에는 생명 존중 위원회(서울시 교육청 명칭, 기타 지역: 위기 관리 위원회)를 구성하여 대응하는데 교내외 자살 사건 발생 시, 교장(위원장)이 위원회를 소집한 후 교내 대응팀(서울시 교육청 명칭, 인천시 교육청은 '비상 대응팀')을 구성하고 역할을 정합니다. 서울시 교육청 자료에서 '위기 관리팀'은 상담 교사, 보건 교사, 외부 전문 기관으로 이루어진 임시 조직을 지칭하고 있어, 혼란을 피하기 위해 이 부분을 '비상 대응팀'으로 통칭했습니다.

에는 애도 기간 혹은 위기 기간 동안 중요한 결정을 하고 여러 일들을 진행할 권한이 부여되어야 합니다. 그러므로 매뉴얼에는 최소한 다음의 내용이 포함되어 있어야 합니다.

- 비상 대응팀의 구성
- 비상 대응팀의 역할과 권한
- 비상 대응팀의 평상시 훈련과 준비에 대한 이슈
- 비상 대응팀의 운영, 소통 체계 및 책임, 역할
- 비상 대응팀의 운영에 기초한 학교 장례 혹은 학교 애도, 위기 대응에 관한 포괄적인 계획

## 1. 비상 대응팀 소집하기

학교의 행정적 책임을 담당하는 교장, 교감 선생님 등 학교 관리자를 중심으로 다음 세 가지의 일을 해 주셔야 합니다.

첫 번째는 교장 선생님께서 비상 대응팀을 소집해 책임을 맡은 교사들이 함께 모이는 것입니다. 사건을 접한 뒤 가능한 빨리 모여서 함께 논의할수록 좋습니다.

두 번째는 모두가 안전하게, 안심하면서 애도할 수 있도록 정보를 잘 모으고 역할을 나누어 맡는 것입니다. 이 과정에서는 상황과 분위기를 안정시켜 애도를 촉진하는 것이 중요합니다. 마땅히 슬퍼해야 할 일에 함께 진심으로 슬퍼하면 되는 일입니다.

세 번째는 일반적으로 해야 하는 보고나 알림 이외에 추가적으로 해야 할 일이 없는가를 잘 살펴보고 혹시나 발생할 수 있는 잘못된 소문에 대처하기 위한 원칙을 잘 점검하는 일입니다.

## 2. 학부모들과 공유하기

미국 학교 심리학 협회에서는 학교 전체에 영향을 미칠 만한 죽음이 닥쳤을 때, 다음의 주제들에 대해서는 전체적 소통이 필요하다고 이야기하고 있습니다. 특히 간단한 통신문이나 소식지, 문자 등을 통해 학부모님들에게 정보를 보내 주는 일이 중요하다고 합니다. 그 안에 포함될 내용은 다음과 같습니다.[23]

- 죽음이나 사고에 관한 정확한 정보와 사실
- 애도 과정에서 생길 수 있는 정상적 반응의 범위와 그 범위를 넘어선 현상들에 대한 안내
- 자녀에게 죽음에 대해 이야기하는 법
- 정신 건강에 대한 지원 및 상담
- 아이들의 상태에 대한 지표
- 믿을 만한 창구와 담당자, 그리고 학교에 접촉할 수 있는 담임 이외의 연락처
- 지역 사회에서 상담 도움을 받거나 지원을 얻는 방법에 대한 지침

학교에서는 어떤 채널을 통해 정보를 전달할 계획인지 구성원 모두에게 잘 설명해야 합니다. 교직원들에게는 회의나 인터넷 게시판을 통해, 학생들에게는 수업 시간 공지 및 담임 선생님의 조회·종례를 통해, 학부모에게는 문자 메시지나 이메일, SNS 중 부모들의 접근도가 높은 매체를 활용해 전달합니다.

정보는 특정한 시기까지 업데이트를 지속하여 구성원들에게 안정감과 신뢰를 주도록 하세요. 특히 학생 사망에 대한 정보를 줄 때가 아주 중요합니다. 모호하지 않게, 명확하게 죽음을 전달하고 SNS 등을 이용해 헛소문이나 우려를 근거 없이 퍼뜨리거나 조장하지 않게 해야 합니다. 그러기 위해서 SNS 접근 원칙을 확실하게 전달하는 것이 요즘 특별히 중요합니다. 죽음에 관한 불필요한, 사적이거나 호기심 어린 질문에는 단호하게 대처해 주세요.

# 정보 및 교육 제공

1. 교직원을 위한 회의와 교육

첫 번째 전체 모임이 제일 중요합니다. 사건 사고 후 조직된 비상 대응팀에서 교사 전체와 처음 회의할 때 다음 세 가지를 중요하게 다루어야 합니다.

① 정확한 정보 공유

② 정확한 역할과 할 일

③ 심리 안정과 애도에 관해 할 수 있는 일과 해서는 안 되는 일

또한 첫 회의에서는 충분한 질의와 토론이 이루어져야 합니다.

교사 및 교직원의 의문이 풀려야 교실에서 책임감 있고 효과적으로 대응할 수 있습니다. 첫 회의는 학교의 모든 교직원이 참여하여 충분히 의견을 교환하고 사실과 원칙, 태도에 대해 공유하는 것이 중요합니다. 경비, 학교 보안관, 학교 전담 경찰관, 식당에서 일하는 분들까지도 모두 필요한 기초 교육을 받아야 하고 정보의 공유와 발표에 대한 원칙을 숙지할 수 있게 해야 합니다. 그리고 교사와 교직원에게도 애도에 대한 교육, 심리 상담에 대한 서비스가 학생들과 마찬가지로 제공되어야 합니다.

## 2. 교사와 교직원에게 제공되어야 할 정보와 교육 내용

교사와 교직원에게는 다음 내용이 공지되어야 합니다.

① 학생에게 제공할 죽음에 관련된 적절한 정보

② 학교 학사 일정의 변화나 방침

③ 정보 공유와 정보 나눔 방식, 질문하고 빠른 답변을 얻을 수 있는 방법

④ 새롭게 설치되는 여러 상황실, 애도 및 상담이나 추모를 위한 공간의 위치나 활용 방법

⑤ 응급 상황(실신을 비롯해 갑작스럽고 예상치 않은 행동) 발생 시 대처 요령

⑥ 고위험군 학생 발생 시 대처 방법

# 각종 자료와
# 연락 체계 마련

여러 가지 매뉴얼의 흐름대로 필요한 문서와 연락 체계가 작성되어 있어야 합니다. 작성할 문서의 종류를 나열해 보면 다음과 같은 것들입니다. 다만 다음에 열거한 자료들을 꼭 순서대로 작성하지 않아도 됩니다.

① 사건에 대한 일목요연한 시간대별 정리를 비롯한 객관적 사실이 담긴 자료

② 교사들과 학생들이 공유할 정리된 내용

③ 학교의 입장을 알릴 수 있는 미디어 대응 보도 자료

④ 학부모들에게 보낼 문자, 메일, 가정 통신문

⑤ 교육청, 주변 학교 등에 협조를 구할 공문

⑥ 참여할 외부 자문가들에게 보낼 문서

⑦ 교직원들과 함께 진행할 회의 문서

⑧ 학생들에 대한 애도 지침과 협력 사항이 담긴 문서

# 비상 대응팀
# 일정 및
# 전문가 협력 여부 정리

　비상 대응팀은 학교의 술렁이는 분위기를 안정화하고, 학교 관리자들과 함께 사실 관계의 정리, 학사 일정 관리, 추모 일정 정리, 유가족과 의사소통 등의 활동을 합니다.

　장례 절차 외에도 필요하다면 심리 안정을 위한 활동, 외부 전문가 참여 등에 대한 내용을 정리해야 합니다. 초기에 이 의사소통이 아주 중요합니다. 혼선과 변경이 적을수록 학생과 교직원은 안정된 분위기 속에서 애도를 표할 수 있으며 적절한 위기 대응도 가능해집니다.

　애도를 진행함에 있어 위기 대응에 적극 협력할 수 있는 전문가나 자문 위원이 결합하는 것이 좋습니다. 예기치 못한 일에 우왕좌

왕하기 쉬운데 이러한 시행착오를 줄일 수 있기 때문이지요. 또한 학교 내 인력이 충분하더라도 외부 자문을 권장합니다. 이는 학교 내부의 시선이 닿지 않는 곳에서 학생, 학부모, 지역 사회의 소식이나 입장을 더 객관적으로 잘 전달할 수 있는 사람이 필요하기 때문입니다. 다음의 직군의 전문가들은 학교에서 애도를 진행하거나 위기에 대응하는 데 도움이 될 것입니다.

- 애도 전문가(정신 건강 복지 센터, 심리 지원 센터, 트라우마 센터 등)
- 정신 건강 전문가(정신 건강 의학과 전문의, 정신 보건 관련 인력 등)
- 추모 행사 관련자 혹은 장례 감독자

# 위기 대응을 위한
# 공간 마련

회의, 실무, 연락, 진행 현황을 파악하기 위한 공간이 필요합니다. 애도, 추모, 대응을 위한 여러 서류와 자료들은 주로 이 공간에서 다루어야 합니다. 필요에 따라 회의가 이루어지고 문서가 작성되고 또 중요한 미팅이나 안내가 이루어질 공간입니다. 교장실, 교무실 자투리 공간 등이 모두 가능합니다만 학교 관리자들과 소통하기 쉽고 행정과 홍보가 동시에 이루어져야 하는 기능을 고려하여 정하는 것이 좋습니다. 이 방에 주로 있어야 할 사람들은 다음과 같은 분들입니다.

- 교장 혹은 교감 선생님

- 미디어 담당자

- 비상 대응팀 외부 위원

- 피해 가족 혹은 유가족 연락 담당 및 의사소통 담당자

- 핵심 업무를 담당하는 교사들


이 특별한 공간은 아마도 각 학교의 공간 상황에 따라 달라질 수 있습니다. 교장실, 교무실의 회의 공간, 도서관 혹은 다목적실 등등 학교에서의 상황과 동선을 고려하여 정하면 됩니다.

# 언론 담당자,
# 학부모 및 유가족 소통 담당자
# 정하기

최근 가장 강조되는 언론 대응은 사회적으로나 학교 관계망 등에서도 강력하게 영향을 미치는 부분입니다. 재난 보도 준칙, 재난 보도 가이드라인, 자살 보도 권고 기준 등의 지침에 따라 보도 자료를 작성하고 발표합니다. 그리고 관련 소식이나 현황을 업데이트하면서 공유하고 소통하기 위해 노력합니다. 이 소통에서의 중요한 가치는 정직성이며, 미디어는 회피할 대상이 아니라 정확하게 의사소통할 대상이라고 전문가들은 말합니다. 대응이 늦어질수록 헛소문이나 오보에 학생들이나 가족이 시달릴 수 있습니다. 비상 대응팀에서는 서둘러 언론 담당자를 지정하고, 언론 담당자는 원칙에 따라 정보를 전달하며 정기 브리핑 등을 진행해야 합니다.

학부모들이 심리적으로 안정될 수 있도록 연락 체계를 가동하고 피해 가족 및 유가족 담당자를 정해 지속적으로 연락하고 협력하는 것 또한 아주 중요합니다. 무엇보다 피해 가족 및 유가족과 충분히 협의하는 것이 필요합니다. 이 업무를 담당하는 사람은 공감적 전달가가 되어야 하며, 이 업무는 애도 과정에 대해 잘 인지하고 있는 분에게 맡기는 것이 좋습니다.

- 학부모 연락 담당자 정하기
- 피해 가족, 유가족 담당자 정하기
- 언론 및 미디어 담당자 정하고 가이드라인에 따라 활동하기

# 비상 연락망 및
# 의사소통 체계 점검

사망 사고가 일어났을 경우, 불필요한 헛소문이나 과장된 해석에 따른 내용이 뉴스나 SNS에 의해 전파되기 쉽습니다. 그 전에 학교 구성원들의 비상 연락망으로 학교 측 입장에 대한 정확한 정보와 대응이 전달되는 것이 좋습니다.

특히 이런 사건이 방학, 방과 후에 일어난 일이라면 모든 직원에게 통지하는 것은 필수적입니다. 그리고 다음 날 수업이 시작되기 전에 직원 회의 장소와 시간을 전달해야 합니다. 비상 연락망은 학기마다 갱신되어야 하고 모든 구성원이 알 수 있게 공지되어야 합니다.

- 학교 측 입장을 정확하고 신속하게 교직원, 학생, 학부모와 공유하기

- 교직원들에게는 비상 회의 장소와 시간 전달하기

- 교직원 비상 연락망 점검하기

- 학부모 및 학생 비상 연락망 점검하기

# 정보 공유 및
# 의사소통 방법 정하기

　모든 구성원이 알아야 할 정보, 교직원이 숙지할 정보, 학생들에게 전달되어야 하는 정보를 어떻게, 언제 게시하고 관리할 것인지 잘 정해야 합니다.

　비상 대응팀 그리고 학교 관리자와 각 담당자 등은 사건, 사고 이후 정보의 공유와 전달에 대한 원칙을 정하고 이를 준수하려고 노력해야 합니다. 사건과 사고에 관한 정보가 투명하게 공유되는 과정은 사건과 사고 이후에 재검토 혹은 평가 과정에서 중요하게 다루어질 수 있습니다.

## 1. 피해 가족 및 유가족과의 정보 공유와 의사소통

피해 가족 및 유가족과의 소통을 담당한 교사는 애도와 위로의 뜻을 잘 전하며 피해 가족 및 유가족의 뜻에 따라 공개될 정보를 준비해야 합니다. 애도 진행 과정에 대해 논의하고 적절한 정보 공유 방식을 정하며 무엇보다 알릴 정보의 범위와 피해 가족 및 유가족들이 학교에 요청하는 바가 무엇인지 알아야 합니다.

## 2. 상급 기관 혹은 지역 교육청 등과의 의사소통

사건과 사고의 범위가 커서 학교만으로는 대처하기 어려워 공동 대응이 필요한 경우, 상급 기관이나 지역 교육청과의 의사소통 방식도 파악해 두어야 합니다.

## 3. 교직원 공유 규정 점검하기

교직원끼리의 정보 공유 규정을 점검하고 교직원 회의에서 학생과 학부모 등에 전달할 정보의 범위를 대상별로 정합니다. 동시에 언론 담당자 이외의 누군가가 언론과 접촉할 때를 대비해 인터뷰에 대한 규칙을 공유해야 합니다.

## 4. 정보의 전달 방법 및 질의응답 방법 정하기

메일, 전화, 메신저 등 정보가 어떤 채널을 통해 공유될지 정하고, 정보의 등급에 따른 규정을 이해하고, 전달자가 누구인지도 공유해야 합니다. 특히 여러 질의에 대한 답변에 효과적으로 소통하는 방법을 정해야 합니다. 다음은 정보 전달 방법에 있어 해결해야하는 사항입니다.

- 확실한 정보 및 정리된 정보는 어디에 게재하는지
- 질의에 대한 답변은 어디에 게재하는지
- 학생 및 학부모 통지에서 담임 교사가 전달할 부분과 전체 공지될 부분은 어떻게 정해지는지
- 공식 입장과 발표는 어느 시간대에 어느 곳에서 볼 수 있는지

## 5. 정보를 공유하는 구체적 방법

### ① 소식을 전하는 장소

슬프고 힘든 소식을 구성원 모두에게 알릴 때는 학교 방송이나 대강당 같은 곳이 아닌 교실에서 알려 주세요. 교실에서는 각 학생들의 반응을 알 수 있습니다. 강하게 반응하는 학생, 반응이 없는 학생 그리고 반응을 방해하는 학생 등과 나아가 학급 전체의 반응 정도도 알 수 있습니다. 또한 방송을 통해 듣거나 대강당에서 들을 때보다 더 안전하고 안정된 분위기 속에서 슬프고 힘든 소식에 대한 감정이 표현되거나 수용될 수 있습니다.

### ② 전할 내용

슬프고 힘든 소식을 전할 때 '잘 정리된 동일한 내용'이 교직원들과 학생

들에게 공유되어야 합니다. 학교 구성원의 죽음에 대한 소식이 전달될 때는 모든 구성원들이 동일한 정보를 얻을 수 있도록 정확한 사실과 상황을 알리는 것이 좋습니다. 관련된 정보는 사실에 입각하고 정직해야 하며, 사고로 인한 사망, 질병으로 인한 사망, 자살 등 정확한 사인에 대해 기술하는 것이 좋습니다. 소식을 전달하는 사람마다 뉘앙스나 사실의 차이가 있으면 그 공동체는 불필요한 소문이나 의문에 휩싸일 수 있습니다.

③ 알림

학생이나 교직원의 죽음을 말하지 않는 것보다 말하는 것이 더 좋습니다. 많은 전문가들은 죽음에 대해 제대로 알고 사실과 슬픔을 공유하는 것이 더 바람직하다고 말합니다. 학교 측에서 공식적으로 알리지 않으면 학생들에게는 소문으로 정리되지 않은 사실들이 뒤섞여서 알려지게 되지요. 일부 학생들을 중심으로 소문과 상상과 추측 등이 엉켜서 사실과 다른 엉뚱한 사건으로 바뀌어 있거나, 오해와 억측이 섞인 경우도 많습니다. 이것은 고인이나 유가족, 학생들 모두에게 불행한 일입니다.

학교 측에서 공식적으로 알리지 않으면 그런 사건으로 영향을 받는 민감한 학생들을 알아내기가 더 어렵습니다. 죽음과 사고, 상실에 민감한 청소년기 학생들의 심리적·행동적 반응을 파악하기 어려우면 이들의 정신적 반응에 따른 정서적·행동적 반응이 어떻게 나타날지 알 수가 없고, 그런 친구를 발견해서 도울 수가 없으며, 함께 애도하는 시간 역시 가질 수 없습니다.

④ 미디어 교육, SNS 관리

학교 구성원들과 함께 지속적인 미디어 교육을 해 주세요. 그리고 SNS에서의 원칙과 지침도 분명하게 전해 주세요. 최근 일어난 많은 재난과 사건, 사고에서 학생들에게 큰 위협이 되는 것은 미디어와 SNS로부터 받는 영향입니다.

미디어와 SNS는 다음의 네 가지 면에서 학생들에게 좋지 않은 영향을 줍니다.

첫째, 사건 장면에 여과 없이 지속적으로 과다하게 노출되면 트라우마를 경험하게 됩니다. 미디어 노출에 의해서도 외상 후 스트레스 장애를 입을 수 있다는 연구 결과는 학술적으로 증명된 지 오래입니다.

둘째, 충분한 미디어 문해력을 갖추고 있다 해도 추측, 과잉 해석, 비약된 논리가 담긴 방송을 청취할 경우 학생들은 혼란스러움을 느낍니다. 이런 혼란은 학생들의 충격을 더욱 가중시킵니다.

셋째, 악플이라고 부르는 악성 댓글도 좋지 않은 영향을 크게 미칩니다. 악플러들로 인하여 우울, 자해 및 자살 사고가 증가해 이에 영향을 받는 사람이 늘었다는 것은 이미 잘 알려진 바 있습니다. 이런 댓글 기능을 차단하거나 댓글에 대한 대처 능력을 향상시킬 필요성이 있습니다.

넷째, 잘못된 정보, 비논리적 방송, 과다 해석된 영상이나 보도들이 학생들의 대화방에서 유언비어로 다시 만들어지거나 혹은 2차 가해 등으로 확산될 수 있으며, 이런 사실이 사회적으로 알려질 수 있는 위험도 있습니다. 여럿이 함께 참여하는 온라인 소통 공간은 그 자체로 사회적 공간입니다. 학생들에게 확인할 수 없는 사실을 전달하는 일도 추후에 책임을 져야 하는 행위가 될 수 있음을 충분히 알려 주어야 합니다.

# 필요한 인력
# 지원받기

응급 심리 지원의 첫 단계에서 가장 중요한 것은 안정입니다. 심리 안정화 요법이 최근에는 널리 알려져 있고 매뉴얼이나 동영상으로 자세히 소개되어 있습니다. 호흡법, 나비 포옹법, 착지법 등 다양한 방법을 학급에서 함께 진행해 줄 외부 전문가들이 필요합니다. 평상시 이런 외부 전문가들을 알고 있다면 대응하기 더 좋을 것입니다.

정신 건강 의학과 의사, 간호사, 사회 복지사, 심리 상담사, 애도 관련 전문가, 성직자 등이 응급 상황 시 학교에 들어와서 심리 안정 요법이나 애도 서클, 혹은 개별 상담을 지원할 수 있다면 학교가 위기를 안정화하고 회복하는 데 큰 도움이 될 수 있습니다.

한편, 수업에 대한 지원도 고려되어야 합니다. 학교에서 벌어진 죽음이나 사건, 사고에 대응하는 과정에서 새로운 인력 지원이 필요한 경우는 흔합니다. 교사들이 피해자가 되는 경우, 위기 대응 업무로 인해 수업 진행이 어려운 경우 등이 그렇습니다. 또 어떤 교사는 본인의 슬픔과 애도의 마음이 커서 업무를 하기 어려울 수 있습니다. 이런 상황에서 대응을 지원해 줄 보조 교사, 업무 지원 교사가 필요합니다. 특히 사건 발생 초기 2~4주 동안에 이런 지원이 효과적으로 이루어져야 합니다.

## 상담 및 애도를 위한 안전한 공간 마련

보호를 요하거나 휴식을 요청하는 학생이나 교사 혹은 교직원이 있을 수 있습니다. 또한 혼자 있고 싶어 하는 애도자나 감정 조절이 힘든 사람들이 생길 수도 있습니다. 그래서 상황실 이외에도 안전한 상담 및 애도 공간이 필요합니다. 그리고 지역 사회에서 온 외부 활동가나 전문가가 있을 공간도 필요합니다.

애도와 추모의 기간 동안 학생들에게 특별한 공간을 배려해 주세요. 학교에 나오긴 했지만 슬픔이 쏟아지고 눈물이 계속 흘러서 수업을 받지 못한다면 배려가 필요합니다. 그 학생이 조용한 장소에서 위로받고 마음을 정돈하고 애도의 시간을 가질 수 있게 공간을 제공해 주시면 좋을 것입니다. 학교 안에 학생이 안전함을 느낄 수 있는 장소가 있다면, 학생이 안전함을 느낄 수 있는 사람의 보호를 받을 수 있다면 마음이 한층 안정될 것입니다.

그러므로 일정한 기간 상담실, 보건실, 혹은 또 다른 공간을 지정해서 공간을 이용할 수 있게 하면 학생들에게 큰 도움이 될 것입니다. 초등학생의 경우, 친구들과 떨어지는 것을 두려워하는 학생들도 있기에 교실 내 안전지대를 만들어서 쉬게 할 수도 있습니다. 빈백이나 쿠션, 파티션, 인디언 천막 등을 사용한 독립 공간에서 자신을 쉬게 하면서 보호받는 느낌을 경험한다면 안정을 찾는 데 도움이 될 것입니다. 마땅한 장소가 없다면 심상 훈련 즉, 마음속에 안전한 공간을 떠올리는 활동을 통해 쉴 수 있도록 허락해 주셔도 좋습니다.

# 의례에 대한
# 지침 안내

 

 

우선 유가족과 협의해 장례 절차에 학교가 참여할지 여부를 논의합니다. 이에 따라 참여 방식, 시간, 관련 업무에 따른 교직원의 지원 범위도 정해지지요. 추모 행사를 학교 밖에서 할지 또는 안에서 할지에 따라 참여 방식은 많이 달라집니다. 이에 학사 일정이나 수업은 어떻게 고려할지 학생 전부가 참여할지 일부 학년만 참여할지, 만약 장례 및 추모 행사가 학교 밖에서 열린다면 교통 및 참여에 대한 다른 학부모의 동의 문제와 재정 지원은 어떻게 할 것인지 등 다양한 논의가 이루어져야 합니다.

추모 행사는 학교 구성원들이 함께 계획하여 진행하는 것이 좋습니다. 중고등학교의 경우라면 학생들이 그 계획에 참여할 수도 있습니다. 고인을 잘 알고 있는 학생들이 참여하면 더 좋고요. 고인의 학급, 고인이 속한 동아리 학생들, 고인이 속한 스포츠 팀들이 함께하면 더 좋습니다. 잘 애도하고 아픔을 치유하는 데 큰 도움이 됩니다.

물론 이 모든 과정을 강요해서는 안 됩니다. 학생들의 자유로운 선택과 참여로 이루어져야겠지요. 학교의 모든 구성원들이 초대 대상이 되는 것도 당연합니다. 여러 애도 전문가들은 학생들이 참여하고 진행하는 추모 행사나 추모 활동이 학생들의 애도에 긍정적인 영향을 준다고 말합니다.

# 애도 및 추모 기간과
# 기간 내 활동 안내

　유가족, 학교 구성원들과 협의해서 애도 및 추모 기간을 정하고 그 기간 동안 학교에서 진행할 수 있는 추모 행사를 구성원들에게 알려 주세요. 장례식 참여나 학교 추모식을 공식화하고 다양한 추모 행사를 유가족 또는 학생들의 요청에 따라 진행합니다.

　추모 행사는 고인이 누구인지에 따라 성격이 다를 수 있습니다. 학교에서 활약하던 록 밴드 멤버의 죽음인 경우 콘서트를 열기도 하고, 생물학 동아리 구성원의 죽음인 경우 학생의 연구 활동을 기리는 연구 발표회를 개최하기도 합니다.

　학생이 조문을 다녀오고 싶어 할 때는 누군가와 함께 다녀오는 것이 좋습니다. 조문은 중요한 작별의 의례이고 죽음을 경험하는 절차입니다. 그리고 장례와 같은 의례에 참석하는 것은 죽음에 대한 인식을 더 명확하게 해 주기도 합니다. 중학생 이상의 청소년의 경우 어른이나 친구들과 함께 조문하거나 장례 의례에 참가하는 것을 금지할 이유는 없습니다. 장례에 참여한 아이들이 애도의 과정을 현실적으로 더 잘 겪어 낼 수도 있습니다. 조문이 어려운 경우, 슬픔에 빠진 학생들이 학교나 가까운 추모 장소에 조문 카드나 그림 혹은 글을 써서 붙이는 것도 애도의 감정을 표현하고 애도에 참여하는 방법이 될 수 있습니다.

학생들의 추모, 기념 활동 혹은 기념일 행사를 허락해 주세요. 애도를 위한 학생들의 활동은 허용하는 것이 좋습니다. 선생님들과 충분히 상의해서 추모 공간을 마련하고, 보존하거나 기념할 것을 챙겨 주시고 추모 활동을 지지해 주세요. 무리한 요구가 아닌 선에서 학생들의 요구 사항을 수용해 주시면 학생들의 애도는 흐름대로 진행되어 갈 것입니다. 오히려 그런 공간을 불허하거나 활동을 금지하면 애도가 지연되거나 복합화되어 더 긴 기간의 문제가 생깁니다. 일정하게 정해진 기간, 보통 2주에서 한 달 정도의 기간 동안 학생들에게 이런 활동을 허용하면 학생들의 애도가 자연스럽게 진행되고 정리될 것입니다.

# 학생 참여 방법
# 함께 정하기

　고인의 자리나 물건은 바로 치우지 않는 것이 좋습니다. 그 자리를 갑자기 치우면 다음과 같은 부작용이 일어납니다.

　첫째, 죽음에 대한 존중이 없는 것처럼 느껴집니다. 죽은 사람에 대해 기억할 시간도 주지 않고 존재를 사라지게 하는구나, 하는 느낌은 학생들에게 상당한 좌절과 심지어 분노를 불러일으키기도 합니다.

　둘째, 그 자리를 보존하려는 아이들과 동료들의 슬픔과 애도를 방해합니다. 고인의 흔적을 유지하는 시간은 일정한 기간, 기억하고 애도하고 슬픔을 나누며 고인과의 관계를 정리할 시간이 주어지는 것입니다.

셋째, 추모하거나 연대할 기회를 잃게 됩니다. 학생들은 빈자리에 놓이는 꽃다발이나 선물 등을 통해 추모와 함께 여러 관심과 지지, 연대감을 경험하게 됩니다.

넷째, 추모에 참여하지 못했다는 죄책감을 느끼게 합니다. 빈자리를 보존하고 꾸미는 활동을 학생들과 함께 논의하는 것이 좋습니다. 학생들은 자신이 고인의 추모에 기여했다고 느낄 수 있으며 그마음은 자책감이나 죄책감을 해소할 기회가 되기도 합니다.

요즘 학교는 이전보다 학생 참여가 다양해졌고 학생들 또한 참여를 원하는 경우가 많습니다. 학생회, 동아리, 학급에서 제안된 추모 활동 중 어느 것을 함께 할지 학생들의 동의와 협력을 얻어 진행할 수 있도록 도와주세요. 학부모의 동의도 필요합니다.

또 학생들 중 힘들어하고 괴로워하는 학생을 돌보는 방법으로 또래 지원가나 상담가들의 활동을 적용할 것인지도 협의하고 결정합니다. 충분히 훈련된 학생들이 있다면 서로 위로하고 격려하는 방법의 하나로 활용될 수도 있습니다. 하지만 감당하기 어려운 학생들을 참여시켜서는 안 됩니다. 학교의 사정에 따라, 또래 상담가 그룹의 결정에 따라 달라질 수 있습니다.

- 추모 행사 기획에 학생 단위 참여와 의견 받고 실행하기
- 상담 및 위로 활동에 또래 상담가에 대한 의견 받고 실행하기

보통 2주 혹은 한 달이 지나면 꽃다발과 편지를 포함한 여러 추모 물품에 대한 처리가 논의되는데 이것은 학급 친구들, 유가족과 충분히 논의해 주세요. 학생, 유가족, 대중의 슬픔을 통제하거나 애도자의 감정을 앞서나가는 것은 애도를 병들게 하거나 애도자의 권리를 침해하는 것이 됩니다. 이 부분은 장례를 치르고 추모 기간이 끝나 가면서 선생님들이 많이 질문했던 것 중 하나입니다.

애도와 추모의 성급한 종결은 늘 원망과 반발이 일어나는 화근이 됩니다. 협의에 따라 기간을 정하고, 또 그 기간이 지나면 장소를 이동하고, 의미 부여에 따른 추모 행사를 하기도 합니다. 이는 기념비나 기념 동상, 기념물을 만드는 등의 일련의 계획과 함께 진행되어야 합니다. 기념비나 기념물의 규모는 크지 않아도 좋습니다. 유가족과 친구, 친지 들에게 부각되는 의미가 더 중요합니다. 생명을 존중하고 친구를 기억하고 그 관계 속에서 있었던 아름다운 추억들을 영원히 간직하고 싶다는 마음을 최대한 표현할 수 있는 일련의 과정은 모두에게 큰 교훈을 남깁니다. 이 과정을 가볍게 할수록 아이들 사이에 은근한 원망과 불신, 그리고 분노가 쌓입니다. 교문에서 교실로, 교실에서 상담실로 추모 공간을 옮겨 올 수도 있고, 기념물을 학교 한 공간에 잘 마련해 둘 수도 있는데요. 그 과정을 친한 친구들이 애도의 과정으로 만들어 가면서 건강하게 애도를 일단락할 수 있도록 해 주시면 좋겠습니다.

- 기억하고 추모하는 행사

- 사진, 그림, 카드 관련 전시회

- 고인이 좋아하던 노래를 공유하는 음악회 혹은 음악 파일이나 디스크 공유

- 편지, 그림을 모은 책 만들기 및 책 전시회 행사

- 학교 중앙 위치에 사진 또는 현수막 게시하기

- 기금을 모금하고 고인의 뜻에 맞는 자선 단체에 기부하기

- 고인을 추모하고 기리는 장학 기금 조성

- 고인을 추모하기 위해 도서관에 책을 기증하고 고인의 코너를 만들기

- 고인이 좋아한 나무, 덤불 또는 꽃 심기 등 학교 내 작은 정원 만들기

- 고인을 기리는 놀이 기구 한 가지를 운동장에 설치하기

- 추모하는 학생들이 함께 모여 문집 제작하고 출판하기

- 추모하는 학생들이 함께 동영상 만들기

- 기념하는 여러 가지 물품과 추억물 만들기

- 학급에서 추모 문집 만들기

- 학급에서 추모 그림 화집 만들기

- 학급에서 추모 영상 만들기

- 유가족 부모님들께 어버이날에 대신 편지 써 드리기

- 49재, 100일 혹은 기념일에 모여서 함께 모임 하기


이와 같이 아이들이 함께할 수 있는 좋은 추모 활동들이 많습니

다. 어떤 추모를 할까 고민하는 성숙한 자세는 이후 아이들의 삶에도 도움이 됩니다. 애도의 과업과 단계가 어느 정도 달성된 후 아이들은 자기 삶에 다시 집중해야 하는데, 이러한 경험이 바탕이 되어 회복 탄력성이 잘 발휘될 수 있습니다.

# 애도 관련
# 수업 진행

학급에서 교사, 혹은 애도 전문가 및 상담가와 함께 서클이나 수업 등 애도 관련 프로그램을 진행할 수 있습니다. 이에 대한 지원을 충분히 해 주어야 합니다. 이로써 학생들 개개인의 애도나 심리 상태를 점검할 수 있고, 또 학급 내에서 서로가 위로하고 격려할 수 있는 효과도 얻을 수 있습니다. 나아가 이는 학생들이 공감하는 법, 말하는 법에 대해 배우도록 도와주며, 인생에서 겪을 수밖에 없는 타인의 죽음과 죽음에 따른 나의 슬픔을 다루는 법도 배울 수 있는 기회가 될 것입니다.

죽음과 애도에 관련된 좋은 책이나 기사, 브로슈어를 소개할 수도 있습니다. 학급에서의 활동 외에도 상담실, 복지실 그리고 도서관에서도 다양한 방식으로 슬픔과 애도, 위로와 공감에 대한 친절하고 따뜻한 활동이나 행사를 할 수 있습니다.

- 애도 서클 만들기, 애도 수업 진행하기
- 애도 및 위로, 공감과 격려에 대한 활동 진행하기

# 힘든 구성원을 위한
# 통합 사례 회의

 

많은 수의 학생 혹은 구성원은 아니더라도 여러 이유로 특별히 더 힘들어하는 사람들은 생기기 마련입니다. 그리고 그 정도가 아주 심각한 경우도, 심지어는 자살 혹은 자살 시도와 같은 극단적 행위로 이어진 경우도 있습니다.

그래서 더 힘들어하고 아파하는 고위험군 학생이나 교직원을 파악하고자 하는 노력은 아주 중요한 일입니다. 고위험군 구성원을 적합하고 효과적인 도움에 연결하고 적극적 관심을 표하며 지속적인 서비스를 제공하기 위해 교내외 전문가로 구성된 대응팀을 조직할 필요가 있습니다. 비상 대응팀의 통합 사례 회의를 통해 여럿이 함께 돌보고 지원하려는 노력이 반드시 필요합니다.

- 더 힘들고 아파하는 학생 및 교직원 상담 창구 만들고 24시간 지원 가능한 상담 기관의 핫라인 안내하기
- 더 힘들고 아파하는 학생 및 교직원을 위한 지속적 돌봄과 다양한 지원 방안 만들기

# 학부모와 지속적으로
소통하기

　만일 학교에서 학생들에게 죽음의 소식이 공유되었다면 보호자 즉 학부모들도 이를 알게끔 해 주세요. 학교에서 함께 있을 때 느껴지지 않았던 비탄이나 슬픔 또는 큰 상실감이 집으로 돌아가서 혼자가 되었을 때 다르게 다가올 수 있습니다. 그래서 학생이 예상하지 않은 행동을 할 수도 있으며 억압했던 감정이 폭발될 수도 있습니다. 학부모는 학생과 많은 의견을 나누는 학교의 중요한 구성원입니다. 학부모를 위한 시간을 마련하여 그들과 애도와 추모를 위한 협력과 소통을 지속하는 것도 중요한 과업입니다.

# 사후 평가

애도 기간이 끝난 뒤 이에 대한 평가를 하는 것은 아주 중요합니다. 평가를 통하여 미진했던 부분을 알게 되고 고위험군을 발견할 수 있기도 합니다. 더불어 기념일 행사 등 지속적인 추모 관련 행사를 더 잘할 수 있고, 무엇보다 피해 가족이나 유가족의 애도가 잘 진행될 수 있습니다.

이제 평가에 관한 두 가지 제안을 소개해 드리도록 하겠습니다. 페레아와 모리슨Perea and Morrison[24]은 위기 대응을 성공적으로 마무리하려면 다음과 같은 결과의 평가가 있어야 한다고 이야기했습니다.

① 참여자와 대상자에게 신속하고 공감적으로 반응했는지 평가하기

② 애도와 위기 대응을 위해 추후 더 도움이 될 수 있는 피드백 제공하기

③ 추후 더 나은 애도와 위기 대응을 위한 매뉴얼 업데이트 제공하기

④ 적절한 예산의 정당한 활용에 대해 평가하기

⑤ 피해 가족이나 유가족 그리고 학생들과 교사들에게 제공된 서비스의 긍정적 효과 파악하기


『앨버타 애도와 상실 매뉴얼Alberta Bereavement and Loss Manual』은 또 다른 평가 질문을 제공합니다. 내용은 다음과 같습니다.


① 효과적인 계획이었나? 만약 그렇지 않다면 이유는 무엇인가?

② 효과적으로 피해자, 유가족, 생존자의 필요와 욕구에 부합했는가?

③ 특별히 도움이 되었던 것은 무엇인가?

④ 애도 과정의 주요 참여자, 위원회, 비상 대응팀이 역할을 잘했고 효과적으로 대응했는가?

⑤ 애도 과정과 추모 행사에서 역할과 책임이 골고루 잘 나누어졌는가? 또는 너무 큰 부담감을 진 참여자가 있었는가? 앞으로는 어떻게 책임을 적절히 분배할 수 있는가?

⑥ 추후 애도 과정과 추모 행사 계획에 수정되거나 반드시 고려되어야 할 것을 추가한다면 무엇이 있는가?

이런 일련의 과정이 흐름대로 잘 진행되었는지를 모니터링하고 평가하는 것을 통해 따뜻한 애도를 경험하면 좋겠습니다. 따뜻한 애도는 트라우마를 예방하고 공동체를 강화할 뿐 아니라 학교 구성원들 개개인이 회복 탄력성을 발휘하게 도와줍니다. 더 나아가 이는 외상 후 성장의 기회가 되기를 바라는 측면에서 우리에게 꼭 필요한 과정입니다. 숨기고 피하고 덮으려는 불투명한 마음에서 벗어나 함께 슬퍼하고 위로하고 격려하면서 따뜻한 사회적 애도가 이루어져야 마음이 가벼워지고 강해지고 성숙해집니다.

애도와 관련된 활동도 수업도 모두 균형과 조절을 이루려는 노력이 전달되는 것이 중요합니다. 애도 기간 동안 과도한 수업이나 심한 과제도 비난받을 수 있고, 역으로 수업이나 활동의 지나친 소홀도 비난받을 수 있습니다.

학교 전체의 애도 기간에는 수업을 일부 조정할 수 있습니다. 학생들이 느끼는 심리적 부담으로 과제나 평가에 대한 어려움이 커질 수 있습니다. 지나치게 줄일 필요는 없지만 균형감을 유지할 수 있게 융통성 있는 조정이 도움을 줄 수 있습니다. 하지만 이로 인해 학교의 수업이나 활동이 너무 위축되고 축소되는 것 또한 아이들의 여러 욕구나 생활 리듬에 좋지 않은 변화를 가져올 수 있습니다.

학교 당국이 여러 가지를 고려하여 구성원의 의견을 존중하고 경청하며 최대한 균형을 맞추고 조절하려고 노력하는 모습이 모두에게 전해지는 것 자체가 중요합니다.

# 선생님 자신을 돌보기[25]

선생님도 애석한 죽음에 대해 아이들과 함께 많이 울고 슬퍼하며 힘든 만큼 충분히 아파하셔도 좋습니다. 특히 사고 학생이나 자살한 학생이 있는 학급의 담임 선생님은 동료 교사들께서 더 많이 챙겨 주시고 보살펴 주세요. 그 죽음을 인지한 날로부터 그 학기, 학년이 끝나는 시점까지 혹은 더 긴 시간 동안 아마 쉽지 않은 시간을 보낼 수밖에 없을지도 모릅니다. 모두 서로 의지하고 도와야 할 시간입니다.

업무 처리 매뉴얼에 빠진 내용이 바로 이 부분이라고 할 수 있습니다. 선생님의 애도 또한 권리이고 선생님의 애도 방식 또한 자유라는 것입니다. 학교의 전체적인 애도 분위기를 존중하는 한도 내에서 선생님은 애도하실 수 있습니다.

교육청의 업무 매뉴얼에 따라 해야 할 일 또한 성실히 잘해야 합니다. 하지만 그런 업무로 인해 선생님은 아무것도 느끼지 않는 사람처럼 자신의 애도를 지연하게 되면 선생님의 애도는 비정상화됩니다. 지연된 애도 반응, 혹은 위장된 애도 반응이 되는 경우를 종종 보았습니다. 슬픔이 마음 밑바닥에 가라앉은 채 오랫동안 썩은 채로 남겨져 삶이 무거워지고 힘들어지기도 합니다. 다들 힘겹지만 교사회에서 업무를 나누고 함께 슬퍼하면서 애도하는 것이 중요합니다.

### 먼저 자신을 스스로 돌보세요

선생님은 괜찮으신가요? 선생님의 마음 상태를 살피세요.

죽음과 슬픔은 누구나 직면해야 할 어려운 주제입니다. 선생님 자신이 얼마나, 어떻게 힘든지 먼저 느끼는 것이 중요합니다. 애도와 연관된 감정이 너무 힘들면 선생님 또한 도움을 요청하셔야 합니다.

교사가 느끼는 상실감과 비애를 잘 정리한 후에 슬픔에 빠진 학생과 전체 교실을 지원해 주시면 좋겠습니다. 정리된 선생님의 마음이 학생들의 애도를 안내하고 촉진하는 안전 기지 역할을 합니다. 선생님의 따뜻하고 안정된 마음이 아이들에게는 어두운 길 위 등불의 역할을 하기도 합니다.

① 자신의 슬픔도 인정하고 자신만의 고유한 슬픔을 경험하세요.

② 애도의 과제나 과정을 알아 두신다면 조금 더 마음이 편하실 수 있습니다.

③ 자신의 상실에 대해 점검해 두세요. 자신의 취약성에 따라 반응이 달라질 수 있습니다.

④ 선생님만의 작별을 고하는 애도 의례를 정하고 만들어 보세요.

⑤ 동료 선생님들에게 도움을 요청할 목록, 질문할 목록을 만들어 보세요.

⑥ 현재 나에게 일어나는 스트레스 증상과 징후를 파악해 보세요.

⑦ 그리고 애도 작업과 함께 자신을 돌볼 시간, 자신에게 줄 휴식과 재충전의 시간을 마련하세요.


힘든 동료 교사들은 반드시 생기고 동료 교사 집단의 분위기에 따라 학교 분위기는 상당히 달라질 수 있습니다. 더 힘들어하는 학생이 있을 수 있듯이 더 무겁고 힘든 애도의 짐을 짊어져야 하는 동료 교사가 있습니다. 이때 다른 동료 교사의 지원은 개별 동료 교사에게만 효과를 발휘하는 것이 아니라 학교 전체, 교실 전체를 나아지게 합니다.


## 교사, 서로를 함께 보살피기

자살이나 대형 참사의 피해 학생과 연관된 선생님들은 너무 큰 중압감에 휴식이 필요할 수도 있습니다. 힘든 애도를 해야 하는 선생님들도 당연히 상담과 연결될 수 있도록 학교에서 지원해야 합니다. 학교에서 애도 지원 계획을 수립할 때 학생만이 아니라 전 교직원이 지원받을 수 있도록 내용을 담는 것이 중요합니다.

공동체 성원 모두가 슬픔과 애도를 위한 지원과 지지를 받을 수 있도록 돌봄을 위한 제도적 장치가 잘 마련되길 바랍니다. 현재 많은 공공 기관에서 업무로 인해 소진되거나 업무 중 트라우마를 입은 직원의 상처를 치유할 수 있는 예산을 과거보다 많이 지원하고 있습니다. 학교도 그런 예산을 확보하는 것이 필요합니다.

다음은 교사들끼리 할 수 있는 활동들입니다. 학교에 사건이 발생하면 서로 보듬어 힘들어하는 동료에게 힘이 되어 주길 바랍니다.

① 교사들이 함께 모여 슬픔에 대해 이야기하고 서로를 지지하고 격려하는 시간을 꼭 만듭니다.
② 더 힘들어하는 동료 교사에게 나의 존재를 선물합니다. 경청해 주고 보살펴 주고 실제로 필요한 선물도 해 줍니다.
③ 동료 교사들 모두 애도의 방식과 과정이 다르고 문화적 경험에 따라 슬픔을 표현하고 나누는 방식도 다르다는 것을 인정합니다.
④ 모두가 함께 나누어 더 힘든 동료 교사를 위해 업무를 지원하면 좋겠습니다. 서로를 위한 업무 지원 방안을 제안하고 토의하는 것을 권합니다.

⑤ 동료 교사의 슬픔을 수용하고 비판적 언행을 삼갑니다.

⑥ 동료 교사들과 함께 부담이 적은 사소한 활동을 함께합니다. 예를 들면 간단한 위로 카드 보내기, 문구 보내기, 티타임, 간식 타임 갖기 등이 있습니다.

⑦ 동료의 사생활과 애도를 존중하고 필요하면 애도에 관해 함께 공부하는 시간을 갖습니다. 교사들을 위한 애도의 시간을 정기적으로 가지며 서로 이해하고 소통할 수 있는 기회를 만듭니다.

# 학교와 관련된
# 죽음이 발생했을 때
# 업무의 흐름
# 파악하기

# 책무에 관한
# 내용 톺아 보기

지자체별로 모든 교육청들은 사망에 관한 매뉴얼을 갖추고 있습니다. 그중에서 핵심적인 몇 가지 사항을 함께 점검하는 차원에서 다루어 보려고 합니다.

모든 매뉴얼은 기본적으로 선생님들 각자의 역할을 명기하고 있습니다. 아래 소개한 표는 『학교에서 학생이 죽었을 때Student Dies, A School Mourns』라는 책에 소개된 것입니다.[26] 아래에서 선생님들의 역할을 찾아보세요.

1. 교육 관리자 (교육청 담당 장학관 및 장학사, 교장 및 교감)
- 사망에 관한 정확한 정보의 제공

- 잘못된 정보, 헛소문 등에 대한 확고한 입장

- 애도 및 장례, 추모에 대한 준비와 제공 그리고 알림


## 2. 비상 대응팀 실무 대표자

- 애도 및 위기 대응에 대한 학년, 학급별 구체적 대비책 수립

- 애도 및 위기 대응 책임 역할 배정

- 애도 및 장례, 추모에 대한 현장 실무

- 각종 문서 및 홍보, 알림에 대한 자료 제작

- 고위험군에 속하는 직원과 학생 파악 및 대처

- 상황실, 상담 공간, 휴식 공간의 설정 및 운영

- 도서관, 학급 등에 학생을 지원할 수 있는 책자, 도구, 위기 대응 연락

  처 홍보 등의 확인 및 지원


## 3. 담임 교사

- 상황에 대한 숙지와 학생에게 정확한 정보 제공

- 학생들에게 상담부터 모니터링 등에 관한 정보 제공

- 학생들의 질문에 답하고 도움 주기

다음은 같은 책에 소개된 업무 체크리스트입니다.

| ✓ | 누가 | 언제 | 예 | 아니오 |
|---|---|---|---|---|
| 정보의 확실한 확인 | | | | |
| 비상 대응팀 연락 | | | | |
| 비상 대응팀 미팅 일정 | | | | |
| 유가족 소통 | | | | |
| 교사가 발표할 문구 작성 | | | | |
| 언론에 발표할 문구 작성 | | | | |
| 안내 전화 혹은 비상 연락 전화 문구 작성 | | | | |
| 교육청, 관리자, 비상 대응팀 미팅 일정 | | | | |
| 회의 자료 | | | | |
| 직원 미팅 일정 | | | | |
| 비상 연락망을 통한 직원 통보 | | | | |
| 상황실 설치 | | | | |
| 미디어룸 설치 | | | | |
| 공간 배정 | | | | |
| 공식적 입장과 내용 마련 | | | | |
| 일정표 | | | | |
| 교직원 전체 미팅과 내용 | | | | |

9장 학교와 관련된 죽음이 발생했을 때 업무의 흐름 파악하기

외부 컨설턴트 섭외

고위험군 학생/직원
파악 방법

애도 기간 중
교사를 위한 도움 주기

애도 기간 중
학생을 위한 도움 주기

학부모 가정 통신문

교사 애도 활동 및
수업 기간과 일정

통합 사례 회의 일정

추모식과 장례식
참여 방안

추모 행사 일정과 방안

피해 가족 및
유가족 지원 방안

고인 자리 보존 및
고인 물품 관리 방안

고위험군 학생/직원
지속 서비스 방안

추모 활동 지원의
역할 배분

교직원 전체 미팅

평가

피해 가족과 유가족들
추후 지원

전반적 학교 구성원의
상태와 고위험군 실태

평가 보고서 작성

평가 보고서에 대한
교육청, 관리자, 비상
대응팀 미팅

전체 구성원에게
최종적으로 알릴 내용

9장 학교와 관련된 죽음이 발생했을 때 업무의 흐름 파악하기

# 시간대별
# 학교 위기 대응

학생 및 교직원 자살 등은 학교의 개입이 필요한 사건입니다. 위기 개입을 잘하느냐 그렇지 못하느냐에 따라 트라우마를 남길 수도 있지요. 대부분의 매뉴얼은 시간대별로 정리되어 있습니다. 각 매뉴얼에 시간대별로 전개되는 사항을 잘 검토해 보시기 바랍니다.


1. 긴급 대응기(사건 당일부터 첫 일주일)

- 학교 관리자 및 교육청 당국 회의

- 교직원 회의, 학생 및 학부모 공유

- 추모 방식 및 일정, 절차 결정

- 언론 및 SNS 대응 원칙 정리, 소문 및 기타 혼란 변수 차단

위기 상황 발생

학교 내 대책 회의 소집
(학교 위기 관리 위원회 등)

정확한
사건 정보 수집

1단계 관계 기관 대책 회의
(학교, 교육(지원)청,
학교 위기 개입 전문 기관 등)

사망 공지
(교직원/학생/학부모 대상)

학생 애도 반응 돕기
심리 지원을 위한 학생 선별 검사

2차 관계 기관
대책 회의

선별된 학생
심리 지원

3차 관계 기관
대책 회의

장기적
추가 지원

▲ 서울시 교육청, '학급 응급 심리 지원 체계'

## 2. 위기 중재기(사건 발생 후 첫 일주일 이후~한 달)

- 장례식 이후 학생 교육

- 학부모 공유

- 위기 학생 및 교직원 선별 검사 및 애도 교육

- 추모 행사 및 추모 방향 결정


## 3. 안정화 시기(사건 발생 한 달 이후~수개월간)

- 고위험군 관리 및 안정화 지원

- 복합 애도 학생 및 교직원 선별

- 자살 학생 유가족 지원 및 안정화 지원

- 학교 회복 활동: 회복 탄력성에 기반한 다양한 예술 및 신체 활동, 소
  집단 활동 지원

# 학생, 교사, 유가족
# 지원 프로세스

많은 매뉴얼은 학생 중심으로 되어 있습니다만 최근에는 교사와 유가족 지원 프로세스도 소개되고 있습니다.

## 1. 공지 첫날부터 첫 주까지

- 학생 대상 애도 교육

- 교사 대상 애도 교육 및 생명 존중 교육 연수

- 유가족 동의 및 연계 지원 모색

## 2. 공지 첫날 혹은 다음 날

선별 검사(학생 영향 평가 및 고위험군 선별)

## 3. 3~4일 차

채점 및 분류


## 4. 4~5일 차: 공지에서 위험군 발견까지

- 고위험군 상담 신청: 개별 상담 신청하기(학교 내 위클래스)
- 고위험군 통합 사례 회의: 학교, 위클래스 및 위센터, 지역 정신 건강
  복지 센터 혹은 청소년 상담 복지 센터, 정신 건강 전문의
- 자발적 신청 창구 만들기
- 선별 검사 결과 고위험군 상담
- 담임 선생님 혹은 친구들이 추천하는 고위험군 상담


## 5. 두 번째 주 초부터: 위험군 의뢰 연계 시작부터 관리까지

- 고위험군 상담 → 분류하기 → 외부 연계 & 의뢰 및 학교 내 상담
- 고위험군 상담 관리하기
- 유가족 지원 연계 관리하기
- 추모 행사 및 일정 관리


## 6. 첫 한 달 이후부터

- 생명 사랑 교육 혹은 생명 지킴이 교육
- 추모 기간 평가 및 추모 사업 논의
- 고위험군 지속 관리

- 유가족 지원 점검

- 교사 지원 점검


## 7. 두 달~여섯 달(혹은 사안에 따라 일 년)

- 고위험군 지속 관리 평가 후 종결 여부 논의

- 학교 안정화 평가 후 개선 활동 논의

- 소진 교사 지원 점검

- 가족 안정화 점검

# 외부 기관 참여 및
# 역할 분담

최근 학교에서 발생한 사망 사건에는 학교 당국뿐만 아니라 다양한 기관이 함께 참여하여 애도 교육 및 생명 존중 교육 과정을 진행하고 있습니다. 참여 기관별 역할은 다음과 같습니다.

| 참여 기관 | 역할 |
|---|---|
| 학교 당국 | 행정적 안내 및 학교 대상 교육 |
| 교육청 | |
| 지역 위센터 | 학생 대상 학급별 교육/교사 교육 |
| 지역 정신 건강 복지 센터 | 유가족 지원 |
| 지역 청소년 상담 복지 센터 | 지역 청소년 활동 지원, 방과 후 및 여가 지원 |
| 학교 담당 정신 건강 전문가 | |

여기서는 가상 회의 결과를 예로 들어 외부 기관과 학교가 어떻게 협력해 나가야 하는지 소개해 보겠습니다.

**사례: 고등학교에서 학생 자살 후 사후 중재 회의**

1. 1차 회의

(1) 참여 기관: 지역 교육 지원청, 지역 위센터, 지역 정신 건강 복지 센터, 광역 정신 건강 복지 센터 및 유족 지원팀

(2) 회의 주제

① 사안 공유

② 사안 심각성 및 영향 판단: 학생, 교사, 유가족

③ 유가족 요구 및 동의 현황 판단

④ 개입 규모 및 개입 종류 판단

⑤ 사후 개입 역할 분담

(3) 회의 결과

유가족의 의사를 파악하고 학교 공지, 학급 공지, 학생 애도 교육, 교사 대상 생명 지킴이 교육, 학생 대상 생명 지킴이 교육, 애도 교육 후 고위험군 학생 관리, 유가족 지원 및 관리 역할 분담을 하기로 함.

## 2. 2차 회의

### (1) 회의 결과

고위험군 관리는 담임 교사와 위센터가 연계해서 진행하고, 유가족 긴급 서비스 지원 및 교육은 자살 예방 센터에서 진행 후 공유하기로 함.

**사례: 중학교에서 학생 자살 후 사후 중재 회의**

1. 참여 기관: 학교, 교육 지원청, 위센터, 정신 건강 복지 센터, 청소년 상담 복지 센터, 광역 자살 예방 센터

2. 회의 주제
① 학생 전체 대상 자살 공지 및 가정 통신문 자문
② 해당 학급 애도 교육
③ 담임 교사 위기 상담 지원
④ 위기 상담 부스 설치 및 상담 지원
⑤ 유가족 긴급 서비스 지원 및 유가족 지원 연결

3. 회의 결과

애도 교육, 고위험군 관리 등은 위센터에서 맡고, 유가족은 정신 건강 복지 센터와 광역 자살 예방 센터가 지원하기로 함.

# 학생 가족
# 돌보기

아이를 먼저 떠나 보낸 부모의 심정이 담긴 리타 모란의 시를 읽고 울지 않는 사람이 없듯이, 어린이와 청소년의 죽음을 다루는 모든 어른은 아주 힘든 감정을 갖고 살아갑니다. 선생님께서 고인이 된 학생의 부모님과 만나 그분들에게 따뜻한 작별의 말씀을 전해 주는 일은 아주 중요합니다. 그것이 그 부모님들에게는 아주 큰 선물이 됩니다.

자살 예방법의 몇 차례 개정을 통해 유가족에 대한 사회 서비스의 종류와 지원책이 증가했습니다. 특히 자살 사망자의 가족일 경우는 정신 건강 복지 센터 혹은 자살 예방 센터를 통해 여러 서비스에 연결될 수 있습니다.[27] 경제적으로 어렵다면 긴급 지원도 가능합니다. 어려움에 처한, 도움이 필요한 유가족에게는 그 지역의 정신 건강 복지 센터 혹은 자살 예방 센터의 전화번호를 알려 주세요.

지방 자치 단체마다 운영 및 지원 방식이 조금은 다를 수 있지만 유가족 지지 상담 서비스, 경제적 지원, 법률적 지원도 가능하며 최근에는 학교에서도 상담 교사 혹은 교육 복지사, 담임 선생님, 위센터, 정신 건강 복지 센터 등이 협력하여 가족, 학생, 교직원에 대한 서비스를 제공하고 있습니다. 정말 다행스러운 일입니다.

또한 아주 특별한 경우지만 부모님이 사고로 모두 돌아가시거나 가족 구성원의 변화로 학생이 혼자 남겨지는 경우에 정부가 지원하는 다른 서비스도 있습니다. 가족 구성원의 변화에 따라 조손 가정, 친인척 가정으로 바뀌는 경우에는 행정 복지 센터를 통해 '대리 양육 위탁 가정'을 신청하여 지원받을 수도 있습니다. 여러 지원을 최대한 받게 하여 위기를 통과하는 유가족에게 사회적 지지와 지원을 확인하게 해 주는 것은 상처가 아무는 데 큰 도움이 됩니다.

# 10장

죽음과 애도에 관한
교실 대화 나누기

# 고백이
# 필요한 대화

죽음과 애도에 대해 어떤 경험을 하고 있는지 말할 기회가 있다는 것은 아주 중요합니다. 함께 말함으로써 애도의 과정이 온기를 품고 진행될 수 있습니다. 자유롭고 안전한 분위기에서 자신에게 느껴지는 감정을 존중받으면서 말할 수 있는 환경이 정말 중요합니다. 그리고 이러한 표현을 선생님과 학생들이 서로 잘 경청해 주어야 합니다. 토론이 아니라 고백이 필요한 대화입니다. 이 고백이 잘 포용되면 아이들의 애도는 훨씬 더 건강하게 진행될 수 있습니다.

# 수업 시간에
# 이야기 나누기

정신 건강 수업 혹은 건강 수업 또는 사회 정서 학습, 프로젝트, 예술 활동 등을 활용한 수업 등이 있다면 수업 시간을 통해 슬픔이나 상실을 다룰 수도 있습니다. 그렇다면 지식으로, 활동으로, 과제를 통해서 이 주제에 접근할 수 있을 것입니다.

더불어 교과 시간에도 이 주제를 활용할 수 있습니다. 생물학에서 배우는 삶의 순환을 중심으로 삶과 죽음을 다룰 수 있고, 역사 시간에는 죽음과 문화에 대해 생각해 볼 수도 있습니다. 문학 수업 시간에는 다양한 작가들이 상실과 죽음, 애도라는 주제에 어떻게 접근했는지 살펴볼 수 있습니다. 음악이나 미술은 예술 속에서 죽음, 상실, 슬픔을 다룬 작품들을 만나는 창구가 됩니다. 이 과정들은 다양한 방식으로 슬픔과 애도를 만나게 해서 학생들의 내면에 도움을 줄 것입니다. 교육 과정을 통한 도움은 학생들에게 더 깊은 이해와 성찰을 위한 기회를 줄 수 있습니다.

학생들과 함께 죽음에 대해 말하는 것은 선생님도, 전문가도 어렵습니다. 하지만 우리가 함께 이야기를 나누면 우리의 마음도, 학생들의 마음도 조금 나아질 수 있습니다. 다음에 소개할 대화의 사례는 여러 애도 관련 서적에서 제안한 죽음에 관한 대화를 정리한 것입니다. 선생님이 학생들과 대화하는 데 도움이 되기를 바라는 마음에서 최대한 쉽게 정리해 보았습니다.

# 죽음과 애도에 관한
# 10단계 교실 대화[28]


1. 경청 분위기 만들기: "자, 선생님이 아주 힘든 이야기를 해야 할 것 같은데 모두 동그랗게 자리에 앉아 주세요."

학생들이 바닥이나 의자에 동그랗게 앉도록 하세요. 원을 이루어 앉으면, 감정과 질문을 더 잘 나누는 분위기를 만들 수 있습니다.


2. 학생들 사전 인식 알기: "○○(이)의 일에 관해, ○○(이)의 죽음에 관해 혹시 알고 있는 것이 있다면 말해 줄 수 있나요?"

학생들에게 지금 어떤 일이 일어났는지 알고 있는 것을 물어봅니다. 선생님은 이 시간 동안 헛소문이나 잘못된 정보가 어떻게 퍼져 있는지를 알 수 있게 됩니다.

3. 정보 전달하기: "○○(이) 죽음은 학교에서 공식적으로 _____라고 합니다."

선생님이 죽음에 대한 정보를 다른 교사들과 동일하게 잘 정리된 내용으로 공유해 주세요. 진실하고 정직한 어조면 좋습니다.

4. 학생들의 질문 받기: "제가 전달한 내용에 대해 묻고 싶은 것이 있나요? 무엇이든 좋습니다."

학생들의 질문을 받고 가능한 한도 내에서 답을 줍니다. 모르는 사실에 대해서는 모르겠다고 말해도 괜찮습니다. 대답할 수 있는 것만 대답하시면 됩니다.

5. 학생들의 경험과 감정 공유하기: "여러분이 지금 느끼고 있는 여러 감정이나 생각이 있으면 말해 주셔도 좋습니다."

학생들이 이번 죽음으로 인해 지금 느끼거나 생각나는 것들에 관해 말할 수 있는 시간을 주세요.

6. 슬픔과 애도에 관해 말해 주기: "슬프고 힘든 감정은 지금 누구에게나 자연스러운 것입니다. 다른 사람을 의식하지 않은 채, 자유롭게 슬픔을 표현해 보세요."

슬픔과 애도의 경험에서 비롯된 다양한 감정 반응이 있고 그 방식이나 표현은 사람마다 다르며, 특정한 시기에 그런 반응은 이상한 것이 아니라 자연스럽다는 것을 알려 주세요.

7. 슬픔과 애도의 감정 다루기: "힘든 슬픔을 다루는 비결이 있지는 않습니다. 하지만 한결 나아지게 하는 방법은 있을 수 있습니다. 좋은 방법이 있다면 친구들에게 나누어 주세요."

슬픔의 반응을 다룰 수 있는 좋은 방법에 대해 서로 이야기하세요. 선생님께서 이야기하셔도 좋습니다. 안심할 수 있는 좋은 방법들을 서로의 목소리를 통해 들으면 더 안심할 수 있을 것입니다.

8. 추억하기: "○○(이)를 기억하기 위해서 우리가 할 수 있는 일이 무엇이 있을까요?"

학생들이 죽은 친구와 있었던 추억을 이야기하고 추모하는 방법에 대해 이야기를 나눕니다. 아주 구체적인 방안은 추후에 결정해도 좋습니다. 추억과 추모의 이야기들을 나누면 좋습니다.

9. 추모의 마음 나누기: "이제 다 함께 ○○(이)를 추억하고 추모했으면 좋겠습니다. 잠시 눈을 감고 ○○(이)를 기억하면서 추모하는 시간을 가질까요?"

예의를 갖추어 함께 고인을 기리는 시간을 공유함으로써 다 같이 추모했다는 공감대를 가질 수 있습니다. 나아가 따뜻한 연대감을 느낄 수 있도록 분위기를 만들어 갑니다.

10. 마무리하기: "어려운 주제로 함께 이야기했고 추모와 기억의 시간도 함께했습니다. 슬픔과 애도가 한 번으로 끝나는 것이 아니기에 다시 힘들 때도 있을 것인데, 그럴 때 서로 이야기 나누고 돕기로 해요! 마치겠습니다."

전체 분위기를 잘 마무리해 주시고 아이들을 따뜻한 눈빛과 손길로 대해 주세요. 짧은 포옹도 필요하면 나눌 수 있습니다. 또한 마무리할 때 함께하는 의례나 의식이 있다면 해도 좋습니다.

# 애도의 여정은
# 저마다 다릅니다

만일 대화 시간 이후 함께할 수 있는 예술 활동이나 신체 활동이 있다면 같이 해도 좋습니다. 학생들의 불안이 높았다면 심리 안정화 요법과 관련된 활동으로 마무리해도 좋고요.

따로 질문하거나 혹은 정서적 반응으로 혼자 있고 싶어서 상담실, 보건실 등을 찾는 학생들도 있을 수 있습니다. 학생들이 혼자 있기를 원할 때 혹은 누군가와 이야기하고 싶어 할 때, 일정 시간동안 수업을 쉬고 싶을 때 취할 수 있는 조치를 고려하시고, 학생들이 지원받을 수 있는 방법을 마련하면 좋겠습니다. 슬픔과 애도의 과정은 한 번의 의식으로 마무리되는 것이 아님을 꼭 알아주세요. 그리고 일정한 시간을 요한다는 것도요.

선생님의 불안으로 학생들을 너무 통제하려고 하지 마세요. 선생님의 감정도 학생들의 감정도 통제로 다룰 수 없을 때가 많습니다. 우리는 종종 매우 갑작스럽고 예기치 않게 불편해지고 또 알게 모르게 나아지기도 합니다. 적절한 자유와 한계의 설정이 균형을 이루는 것이 필요합니다.

# 생존자 죄책감
# 치유하기

## 1. 생존자 죄책감이란?[29]

생존자 죄책감Survivor's Guilt은 흔히 폭력적 사건, 외상성 사고, 사회적 참사 등에서 생존한 사람이 참담한 죄책감, 후회 섞인 감정 등으로 인해 괴로워하는 상태를 말합니다. 사건 사고와 관련된 업무를 하던 사람들이 사고를 미연에 방지할 수 있었다고 생각하면서 느끼는 자책감도 포함됩니다. 또한 어렸을 때 함께 놀던 친구를 사고로 잃은 사람 중에서도 생존자 죄책감을 안고 사는 경우가 많습니다. 자살한 학생이 보냈던 경고 징후를 발견하지 못했던 교사나 의사, 상담자 들도 비슷한 죄책감을 호소하는 경우가 있습니다. 심각한 경우는 외상 후 스트레스 장애 증상을 보이기도 하니 이에 대한 검진이 꼭 필요합니다.

## 2. 생존자 죄책감 탐색이 중요한 이유는?

생존자, 사고 관련 업무자, 유가족 등에게 생존자 죄책감 유사 증상이 나타나는지 탐색이 꼭 필요합니다. 탐색이 어려우면 회복이 잘 되지 않고 반복적으로 자기 처벌을 하거나 정상적 혹은 행복한 생활을 거부한 채 부정적이고 우울한 생활 방식을 선택하기도 합니다. 때로는 자기 처벌적 자해를 하고, 자살에 관한 생각이 증가하며, 실제로 자살 시도도 합니다.

## 3. 생존자 죄책감을 이겨 내는 법[30]

① 생존자 죄책감을 느끼는 사람들일수록 자신의 감정을 충분히 표현하지 못한 경우가 많습니다. 표현하지 않으면 왜곡된 생각과 지나친 죄책감이 더 오래갑니다. 충분한 표현의 시간이 필요합니다.

② 자기만의 판단을 멈추고 객관적 판단을 해 보는 기회에 참여해야 합니다. 과도한 죄책감은 혼자만의 생각에서 출발합니다. 객관적 상황에서 자신이 완벽할 수 없다는 것을 사람들과 함께 수용해야 합니다.

③ 자신을 용서해야 합니다. 생존자 죄책감을 갖고 있는 사람들은 자신을 꾸짖고 비난하고 미워하는 경우가 많습니다. 현실을 수용하고 자신을 용서해야 합니다.

④ 정말 책임 있는 사람이 누구이고, 무엇 때문에 일어난 일인지와 함께

애도와 치유의 이야기

자신도 피해자라는 것을 알아야 합니다. 생존자 죄책감을 갖고 있는 사람은 간혹 자신이 피해자임을 잊는 경우가 많습니다. 그래서 본인을 돌보지 않아 큰 피해가 방치된 경우도 종종 있습니다.

⑤ 생존한 것에 행복과 감사를 표하고 자신을 사랑하는 사람들의 기쁨을 알아야 합니다. 생존이라는 선물을 받았다는 사실을 상기하고, 잊고 있던 행복감을 느끼도록 안내받는 것이 좋습니다. 사랑하는 사람들이 자신을 어떻게 느끼는지도 알아보아야 합니다.

# 11장

## 애도 상담

## 지지와 격려는 가장 좋은 약이자 효과적인 위로입니다

이제 이 책의 막바지입니다. 슬픔과 애도를 이해하는 데 있어 변화가 있는지요? 애도 활동이나 수업에 가졌던 심리적 부담이나 무게감이 조금 줄어들었나요? 만약 그렇다면 이 책이 거둔 효과에 저자들은 아주 기쁜 마음일 것입니다. 학생들과 애도에 관한 이야기를 나누려면 선생님 자신부터 따뜻한 애도 경험을 갖는 것이 정말 중요합니다.

사고와 참사로 인해 누군가가 죽었다는 소식은 줄어들지 않고 있지만 막상 이런 주제로 이야기를 나눌 사람들은 그리 많지 않습니다. 함께 이야기 나눌 수 있는 기회가 많지 않기에, 학생들에게는 애도와 슬픔에 관한 대화 자체가 행운인 동시에 아픔을 딛고 성장

할 수 있는 계기가 될 것입니다.

선생님이 돌아가시고, 친구가 죽고, 반려동물이 죽었는데 모두 침묵한 채 각자가 알아서 자기감정을 스스로 처리해야 한다면 아이들의 마음에는 상처만이 남을 것입니다. 전문적인 애도 치료를 요하지 않는 경우라 할지라도 애도를 주제로 대화 혹은 상담을 하면서 적절한 보살핌이 제공되어야 합니다. 그러면 지금부터 애도와 관련된 대화, 애도 상담이 어떤 점에서 필요하고 어떻게 도움을 줄수 있는지 알려 드리도록 하겠습니다.

- 애도는 피할 수 없는 삶의 경험이고 애도가 주는 높은 스트레스는 삶의 변화를 가져옵니다.
- 선생님의 애도는 학생들의 모델이 되기도 합니다. 선생님이 경험한 애도에 관한 이야기들이 아이들에게 마음의 지침이 되기도 합니다.
- 애도에 관련된 상담이나 개입이 더 필요한 이유는, 우리는 과거보다 불행한 소식을 더 자주 더 많이 접하는데 정작 도움받을 사람은 없기 때문입니다. 특히 학생들은 더 그렇습니다.
- 슬픔과 애도는 자신감을 잃게 하고 두려움을 크게 만들 수도 있습니다. 특히 일상생활이 파괴될 수도 있습니다.
- 애도 과정에서 청소년들이 어린아이처럼 구는 경우도 꽤 있습니다. 일시적인 퇴행으로 그럴 수 있는데, 상태가 지나치지 않도록 도움이 필요할 때가 있습니다.

- 애도에 대한 도움은 전문가뿐만 아니라 자원 봉사자나 또래 지원가도 제공할 수도 있습니다. 동반적 모델을 지지하는 분들은 전문가가 아닌 사람도 슬픔을 겪는 학생들과 함께 애도하면서 도움을 줄 수 있다고 말합니다.
- 모든 애도는 몸과 마음을 힘들게 하고 때로는 좌절감과 높은 분노를 느끼게도 합니다. 몸과 마음은 경직되고 긴장됩니다. 힘든 애도는 사람을 드러눕게 하기도 합니다.
- 애도 기간은 사람마다 다르며 애도의 시작과 끝을 말하기 어려운 죽음도 있습니다.
- 애도와 우울은 다릅니다. 애도하는 모든 사람들이 우울해하지는 않습니다. 하지만 애도가 제대로 되지 않으면 우울증이 올 수도 있습니다.
- 애도자를 위한 사회적 지지나 격려는 가장 좋은 약입니다.


아무도 보살피지 않았거나 그 누구도 기억하지 못하는 죽음은 애도가 어렵습니다. 관심과 지지 그리고 고인에 대한 존중은 애도에 필수적입니다. 우리가 장례를 사회적 의례로 성대히 치르는 것은 애도 작업과 깊은 관련이 있습니다.

특히 대형 참사의 경우 유가족이나 피해자에게 보내는 사회적 지지와 지원은 애도를 촉진시키는 가장 큰 요소입니다. 집단 트라우마와 연관이 있는 죽음도 마찬가지입니다. 하지만 이럴 때 사회적 애도를 가로막으면 분노와 울분, 비탄만 남게 됩니다. 큰 규모의 비참한 사건 속에서 유가족 및 관련자들의 애도가 가능하려면 공동체의 사회적 관심이 애도자에게 감동을 주어야 합니다. 모두가 함께 슬퍼하고 위로하려고 노력하는 사회적 지지는 애도자를 치유해 주는 가장 강력한 약입니다.

# 애도 상담은
# 무엇인가요?

애도 상담을 통하여 사람들은 애도의 여정을 안전하게 완성할 수 있습니다. 만일 애도가 중단, 왜곡되거나 복합적으로 변질되어 어려움에 처한 교사나 학생, 가족이 있다면 애도 상담을 권하기를 바랍니다. 미처 끝내지 못한 애도는 새로운 어려움을 만듭니다. 화병, 울분 장애, 우울증, 원인을 알 수 없는 신체 질환 악화 등은 모두 불안전한 애도와 깊은 관련이 있습니다.

애도 상담에는 사별을 수용하는 것, 고인과 못 나눈 것을 나누도록 돕는 것, 못한 말을 하도록 돕는 것, 고인이 가지는 의미를 새롭게 부여하여 마음속에 간직할 수 있도록 돕는 활동 등이 있습니다. 각 학급에서 애도 카드 쓰기, 편지 쓰기, 추모 동영상 만들기 등을 함께 해 보시면 좋겠습니다.


1. 애도 상담의 원칙은 어떤 것일까요?

애도 상담에는 여러 가지 접근법이 있다고 생각합니다. 애도 상담에 대해 워든이 말한 원칙들을 소개해 드리겠습니다.[31] 무조건 10회를 만나는 것이 아니라 다음과 같은 주제나 아젠다를 함께 이야기해 나가는 만남을 이어 가야 하지요. 상담 기간은 사람들마다 큰 차이를 보일 수 있습니다.


① 사별을 현실로 받아들일 수 있도록 돕기

② 슬픔을 자각하고 경험할 수 있도록 돕기

③ 고인 없이 살아가는 것에 대해 이야기 나누기

④ 사별의 의미를 알도록 이야기 나누기

⑤ 고인을 마음속에 간직하는 법 이야기하기

⑥ 애도할 수 있는 시간을 확보하도록 돕기

⑦ 애도와 슬픔이 정상적 반응임을 인식하게 돕기

⑧ 애도와 슬픔의 개인차를 인정하게끔 돕기

⑨ 애도와 슬픔을 방치하거나 대처하는 애도자의 패턴에 대해 분석과
    평가 나누기

⑩ 지속되는 증상이나 징후 등의 정신 병리를 점검하고 의심되는 증상
    이 있다면 전문 기관에 상의하게 하기

# 애도 상담가는
# 어떤 일을 하나요?[32]

첫째, 많은 애도 상담가는 상실을 수용하도록 하는 일을 합니다.

- 상실은 이야기를 통해 가장 잘 수용됩니다.
- 고인에 대해 이야기하는 과정을 통해 죽음을 수용할 수 있습니다. 상담가는 애도자가 고인의 장단점을 모두 기억에 담을 수 있도록 도와야 합니다.
- 상실을 수용하기 어려워하면 애도 치료를 권할 수 있습니다.

둘째, 많은 애도 상담가는 애도자가 잘 살아갈 수 있도록 돕습니다.

- 애도자 자신의 이야기를 할 수 있게 합니다.
- 고인 없는 삶에 관한 이야기를 할 수 있게 합니다.
- 고인과의 관계를 정리할 수 있도록 돕습니다.
- 애도자의 애도 속도를 존중하고 앞서가지 않습니다.

셋째, 애도 상담가는 따뜻하고 민주적인 교육자처럼 상담을 진행합니다.

- 기다리기보다 먼저 다가가야 합니다. 내담자가 "아파요."라고 말하기 전에 물어볼 수 있어야 합니다.
- 애도자를 존중하면서 대화를 나눕니다.
- 애도자의 상태를 충분히 살핍니다.

넷째, 애도 상담가는 죽음에 대해 성실히 성찰해야 합니다.

- 죽음과 관련된 애도자들의 다양한 반응을 존중하려면 죽음에 대한 성찰이 필요합니다.
- 좋은 죽음을 말하는 애도자부터 애도를 시작할 수조차 없다는 유가족이 있을 수 있습니다.
- 애도자들의 넓은 스펙트럼을 이해하되, 자신의 고유한 생각도 세워가야 합니다.

다섯째, 애도 상담가는 애도자를 압도하거나 애도자보다 슬퍼하지 않을 수 있는 자기 조절이 가능해야 합니다.

- '내가 울어야 할 자리를 빼앗긴다는 느낌'을 주면 안 됩니다. 애도자의 슬픔보다 더 큰 슬픔이 애도자에게 영향을 미칠 수 있다는 것을 알고 있어야 합니다.
- 어떤 말을 하면 애도자나 유가족이 슬퍼하는지를 알고 있어야 합니다.

여섯째, 대화를 통해서 애도자와 상담자 모두 성장했다는 느낌을 주는 것이 중요합니다.

- 애도를 마무리하는 과정에서 함께 성장했다는 느낌을 받아야 한다는 것을 알고 있어야 합니다.
- 죽음의 의미 찾기는 생각보다 쉽지 않습니다. 하지만 대화를 통해 찾고 만들 수 있습니다.
- 어떤 사람은 새로운 능력을 얻기도 하고, 어떤 사람은 새로운 관점을 얻기도 하고, 어떤 사람은 새 삶을 얻기도 하고, 또한 망자가 새롭게 해석되기도 합니다.

일곱째, 애도 상담가가 하는 일은 애도에 대한 불안을 낮추어 주는 일입니다.

- 애도 상담가가 하는 일은 애도자와 함께 동행하여 애도자가 정상적 애도 과정을 잘 밟아 나갈 수 있도록 하는 일종의 '심리적 장례'를 치르는 일입니다.
- 망자의 육신을 떠나 보내면서 마음 안에 새로운 관계를 맺는 일이 일어나야 합니다. 그리고 죽음이라는 현상을 받아들이고 이해하면서 자기 삶과 죽음을 인지하며 잘 살아 나갈 수 있도록 도와야 합니다.

# 애도를 촉진하기 위해
# 사용하는 기술이 있나요?

애도 상담가들이 애도 상담을 할 때 선호하는 상담 기법은 다음
과 같습니다.[33]

① 죽음을 언급하고 수용하는 언어를 사용하기: 죽음의 수용을 촉진하
   기 위한 기법입니다.
② 고인과 자신에게 편지 쓰기: 죽음을 수용하고 충분한 애도를 유도하
   기 위한 기법입니다. 어린아이들은 그림 그리기, 카드 쓰기로 대체할
   수 있습니다. 편지는 두 통을 씁니다. 고인에게 하나, 자신에게 하나
   를 쓰는 것입니다. 자신이 향후에 어떻게 변화될 수 있는지 이야기하
   거나 목표를 세우게 하기도 합니다.

③ 작별 인사 애도 카드 활용하기: 편지를 쓰기 어려운 경우는 작별 인사가 담긴 애도 카드를 만들어 장례식이나 추도식에 전하는 방법을 쓰기도 합니다.

④ 빈 의자 기법: 고인이 빈 의자에 앉아 있다고 생각하며 하고 싶은 말을 전하는 역할극을 합니다. 특히 고인에게 하고 싶은 말을 다 하지 못한 복합성 애도를 하고 있는 사람들은 역할극을 못다 전한 말을 할 수 있는 기회로 활용할 수 있습니다.

⑤ 가족 앨범 만들기 혹은 동영상 만들기: 고인의 자서전적 삶이 드러날 수 있는 사진을 시대별로 모아 책을 만듭니다. 최근에는 동영상을 제작하는 경우도 적지 않습니다. 사진을 모아서 영상으로 만들어 가족이나 함께 애도하는 사람들에게 제공하기도 합니다. 고인에 대한 기억을 정리하며 애도가 진행될 수 있도록 돕는 활동입니다. 유가족 혹은 고인을 기억하길 바라는 사람들이 함께하면 더 좋습니다.

# 회복 탄력성과
# 외상 후 성장

고난과 역경, 트라우마를 겪으며 사람들은 힘들어하고 아파할 수도 있지만 이에 대처하고 회복하고 또 이겨 내면서 더 강해지기도 합니다. 이 과정에서 여러 학자들은 인간이 겪는 경험과 변화를 관찰한 결과, 아주 소중한 두 가지 힘을 발견했습니다. 하나는 역경을 회복하는 힘인 '회복 탄력성'이고, 또 하나는 역경을 이겨 내고 더욱 성장하는 '외상 후 성장'입니다.

학생들이 함께 슬픔과 애도를 겪어 내면서 오히려 더 성장했다고 생각된다면 이 두 가지 요소가 잘 발휘된 것입니다. 여기서는 회복 탄력성과 외상 후 성장에 관한 아주 간략한 내용만 함께 검토하며 지향해야 할 방향을 안내하고자 합니다.

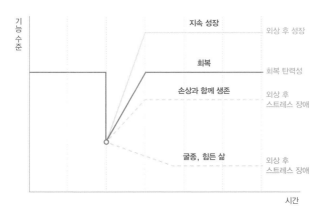

▲ 외상 후 성장, 회복 탄력성의 기능 수준 변화

## 1. 회복 탄력성Resilience[34]

역경 혹은 트라우마에 대처한 후 회복하여 복원된 상태를 말합니다. 미국 심리학회에서는 회복 탄력성의 정의를 "회복 탄력성은 정신적·정서적·행동적 유연성과 내·외부의 요구에 대한 적응을 통해, 어렵거나 도전적인 삶의 경험에 성공적으로 적응하는 과정과 결과"라고 설명하고 있습니다.

사람들이 역경에 적응하는 데 영향을 미치는 요인은 여러 가지가 있지만, 그중에서도 가장 중요한 요인은 다음과 같습니다.

- 개인이 세상을 바라보고 참여하는 방식과 태도에 따라
- 사회적 자원을 얼마나 활용할 수 있는지에 따라
- 특별한 대처 전략을 어떻게 발휘할 수 있는지에 따라

## 2. 외상 후 성장Post Traumatic Growth [35]

외상 후 성장(이하 PTG)은 트라우마 이후 이전보다 더 강해지고 새로워진 상태를 말합니다. 즉, 트라우마 이후의 성장을 설명하는 이론입니다. 심리학자 리처드 테데스키Richard Tedeschi와 로렌스 캘훈Lawrence Calhoun이 1990년대 개발한 이론으로, 역경을 겪으며 심리적 어려움을 견뎌 낸 사람은 이후 긍정적인 성장을 이룰 수 있다는 내용입니다.

"역경을 이겨 내면서 성장한 사람들은 자신과 자신이 살고 있는 세상, 다른 사람들과 관계를 맺는 방법, 미래에 대해 새롭게 이해하고 어떻게 삶을 살아야 하는지에 대해 더 잘 이해하게 됩니다."라고 테데스키 박사는 말합니다.


외상 후 성장은 회복 탄력성과 혼동될 수 있지만 두 개념은 서로 다릅니다. 트라우마와 싸워 이겨 낸 결과로 회복 탄력성이 높아지는 것이 PTG의 예가 될 수 있기 때문에 PTG가 회복 탄력성과 동의어로 여겨지기도 하지만, 1995년 일본 고베 대지진의 생존자로서 PTG를 연구하고 경험한 카나코 타쿠Kanako Taku는 PTG가 회복 탄력성과는 다르다고 말합니다.

타쿠에 따르면 회복 탄력성은 회복할 수 있는 개인적 특성 또는 능력을 뜻합니다. 반면 PTG는 회복에 어려움을 겪는 사람이 자신의 핵심 신념에 도전하는 충격적인 사건을 경험하고, 외상 후 스트레스 장애와 같은 정신 질환을 포함한 심리적 어려움을 견뎌 낸 후 궁극적으로 개인적 성장을 감각할 때 일어날 수 있는 일을 말합니다.

심리학자들은 외상 후 성장 여부와 정도를 평가하기 위해 다양한 자기 보고 척도를 사용합니다. 테데스키와 캘훈이 개발한 '외상 후 성장 인벤토리PTGI'는 그중 하나입니다. 이 도구는 다섯 가지 영역에서 긍정적인 반응을 찾습니다.

① 삶에 대한 감사
② 타인과의 관계
③ 삶의 새로운 가능성
④ 개인이 가진 힘의 성장
⑤ 영적 변화(연결됨의 경험)

외상 후 성장이 있는 분들은 이 다섯 가지 부분에서 큰 변화가 있었습니다. 모든 사람에게 외상 후 성장이 있거나, 있어야만 하는 것은 아닙니다. 하지만 외상 후 성장 연구를 통해 어떤 사람이 역경 이후 더 성장했고, 그들을 성장하게 한 요소들이 무엇인지 알게 되었습니다. 이로써 역경 이후 변화에 대한 방향을 안내할 수 있게 되었습니다.

# 슬픔의 나눔, 따뜻한 애도 후 선생님 마음에 남는 것들

여러 학생들과 함께 죽음, 큰 상실, 사고 등에 대처해야 하는 일은 교사를 압도하는 까닭에 한 명의 어른을 당황스럽게 하기에 충분합니다.

아무리 교사라고 해도 죽음에 대처하는 일에 대해 아무런 배움이나 훈련을 받지 못했다면 힘들 수밖에 없습니다. 더욱이 교사라는 직업은 상담사나 의사처럼 사람과 일대일로 만나는 것이 아니라 일대다의 상황에서 학생을 만나고 그 한가운데 어른으로 홀로 서 있는 것이기에 그 중압감이 매우 클 것입니다.

하지만 다행인 점 두 가지가 있습니다. 하나는 학생들과 함께하는 선생님이 바로 그 자리에 계신다는 사실이고, 다른 하나는 선생님께서 수많은 수업과 학생 지도 경험을 통해 임기응변 능력과 융통성을 체득하고 계신다는 점입니다. 학생의 이야기를 잘 듣고 이해하며 소통할 수 있는 능력을 지닌 선생님이 학생을 돕고 보살피려는 충분한 노력을 할 것이라는 믿음이 우리에겐 있습니다.

사고, 사건 등이 학교와 사회에서 공개되면 아이들은 여러 방면으로 영향을 받고 불안과 두려움, 힘든 감정의 소용돌이에 휘말리기 쉽습니다. 학교에서 선생님, 친구들과 서로 표현하고 의지하며 힘들어하는 아이들을 도우려는 마음으로 슬픔과 애도의 과정을 겪어 낸다면, 아이들에게는 분명 인생의 큰 힘이 되는 경험이 될 것입니다.

하지만 이 힘든 일을 위해서는 많은 에너지가 필요합니다. 그러므로 선생님들이 함께 모여서 먼저 서로를 위로하고 힘을 나누고 슬픔과 애도의 터널을 잘 통과하기 위한 충전의 시간을 꼭 가지셔야 합니다. 죽음, 큰 상실, 사고가 벌어진 학교에서 교사들끼리 서로 보살펴 주는 것은 따뜻한 애도의 중심 엔진입니다. 동료 선생님을 안전한 관계로 초대하고 안심할 수 있도록 마음을 나누어 주세요. 모든 선생님들은 자신을 믿고 또 도움을 나눌 동료 선생님이 있다는 것을 기억하고, 아이들과 함께 슬픔과 애도의 문을 열고 통과해 가시면 됩니다. 이러한 애도 과정을 지나는 활동을 한 다음 꼭 다시 교사회를 중심으로 그 소회와 보살핌의 느낌을 공유하세요.

**'함께 슬퍼하고 애도하기'는 아픔을 동반합니다**

잊지 마세요. 슬픔과 애도를 지나는 과정에서 또 이 과정을 지난 후에 사람들은 많이 아플 수 있습니다.

우리 인생사에서 가장 강도 높은 스트레스에 해당되는 일들을 겪어 내면 마음과 함께 몸도 따라서 힘들어집니다. 슬픔과 애도는 면역력을 낮추고 몸 안의 염증을 악화시키고 우울하게 만듭니다. 이 기간에 제대로 먹지 못하는 사람들도 많습니다. 그러니 영양 상태도 나빠집니다. 이렇게 높은 스트레스를 겪어 내면서 자주 긴장하고 경직되어 온몸에 힘이 들어간 채로 2주, 한 달을 보내고 나면 몸의 일부가 아프기 시작합니다. 초상을 치르고 난 뒤 온몸을 두들겨 맞은 듯이 아프다는 유가족분들도 많고, 대상 포진과 같은 면역 저하 시 발생하는 질환을 겪는 분들도 많습니다. 더군다나 억울하고 힘든 슬픔 속에서 끝나지 않는 애도의 과정을 겪어야 하는 죽음이나 상실의 경우는 두통, 소화 불량, 과민성 대장염, 불면 등의 신체 증상을 동반하는 경우가 흔합니다.

마음만 아프고 끝나는 애도라면 정말 다행이지만 그렇지 않은 애도가 점차 늘기 때문에 몸이 더 힘들어지는 것 같습니다. 그러므로 몸 건강도 유심히 살펴 대비하시고 영양도 보충하시길 바랍니다. 무엇보다 아이들 또한 신체적으로 힘들 수 있다는 것을 꼭 이해해 주시기 바랍니다. 잠 못 자는 아이들부터, 화를 더 자주 내는 아이들, 짜증이 늘어난 아이들 중 두통, 소화 불량, 위염, 과민성 대장염, 원인을 알 수 없는 열이나 통증 등 신체적 불편을 호소하는 질환이나 실신, 기운 없음 등을 호소하는 아이들이 일시적으로 늘어날 수 있다는 것 또한 알아 두어야 할 것입니다.

## 학생들의 슬픔과 애도를 잘 돕는 세 가지 교사상[36]

### 1. 잘 들어 주는 교사

불안과 두려움, 슬픔에 빠진 학생들이 당장 필요로 하는 사람은 자신의 마음에서 울려 퍼지는 소리를 들어 줄 안전하고 신뢰할 수 있는 사람입니다. 잘 들어 주는 선생님, 질문에 잘 대답해 주는 선생님이라면 아이들의 애도를 잘 도와줄 수 있습니다. 죽음과 상실, 애도의 전문가가 될 필요는 없습니다. 그저 진실하고 명쾌하게, 선생님이 알고 있는 한도 안에서 설명해 주시면 됩니다.

아이들의 불안을 품어 주고 함께하며 공포를 녹여 줄 온기를 전하면서 귀 기울인다면, 아이들이 선생님께 마음을 열기가 한층 쉬울 것입니다.

학급 아이들과 애도를 진행해 나가면서 필요한 도움을 주시는 선생님을 보며 아이들은 큰 힘을 얻을 것입니다. 또한 강요하거나 명령하지 않고 학생들이 애도와 추모에 관해 자유롭게 제안하고 선택할 수 있게 해 주신다면 학생들은 더욱 따뜻한 애도를 할 수 있을 것입니다.

### 2. 일상을 잘 잡아 주는 교사

충격, 죽음, 사고, 상실 등 일련의 일에 부닥치면 일상이 무너지기 쉽습니다. 슬프고 괴로운 감정이나 황당하고 허무한 마음 때문에 일상이 무의미하다 느끼기도 합니다.

슬픔과 애도의 과정 동안 일상 유지를 위해 유연하지만 예측된 일정을 제시하고 다음에 할 일, 조정해야 할 일을 잘 결정하도록 도움을 주는 교사에게 학생과 유가족 모두 깊은 감사의 마음을 갖게 될 것입니다.

무엇을 대비해야 하는지 알면 미래에 대한 걱정을 떨쳐 버릴 수 있습니다. 일상을 유지하는 것은 슬픔으로 혼란스러운 몸과 마음을 달래고 감정적 에너지를 정돈하게 해 줍니다. 애도 속의 일과는 스트레스가 되기도 하지만 유연하게 조정되어 견뎌 낼 수 있는 정도라면 오히려 학생에게 위로가 되는 안전감을 제공하기도 합니다. 여기에는 과제를 줄여 주고 애도 시간이나 활동을 정해 주고 휴식이 가능한 기간을 안내해 주는 것 그리고 시험 기간 등을 조정해 주는 일 등이 포함됩니다.

슬픔과 애도를 겪으면서도 학생들이 큰 실패 없이 지낼 수 있게 돕는 것이 중요합니다. 같은 학교를 다니는 학생의 죽음이 있었던 그다음 날 모든 수업을 예정대로 다 하거나, 시험을 강행하는 것은 일상 유지가 아닙니다. 오히려 학생들에게 충격과 낭패감을 줄 수도 있습니다.


3. 한계를 잘 정해 주는 교사

갑작스럽게 친구가 죽었다고 하면 망연자실한 일부 학생들은 자신의 행동 방향을 잃기도 합니다. 장례식장으로 가야 하는지, 학교에 가야 하는지 판단이 서지 않아 갈등이 생기기도 합니다. 죽음이나 상실이 사회적 문제와 깊은 연관이 있다면 지금 수업을 들어야 하는지, 거리에 나가 캠페인에 참여해야 하는지 고민하기도 합니다. 도저히 수업에 집중이 되지 않아 보건실에 하루 종일 있고 싶어 할 수도 있습니다. 모든 고통스러운 사실들을 잊고 싶은 심정으로 등교하지 않고 집에서 나오기 싫어하는 경우도 있습니다. 이런 여러 상황에서 어떻게 행동해야 하는지에 대한 한계를 제시해 주는 것이 필요합니다. 어디까지 하는 것이 최선을 다하는 것으로 인정받을 수 있는지 설명해 주는 것도 좋습니다.

비극적 사건으로 인한 죽음이 있다고 해서 학생들이 지켜야 할 규칙이 모두 사라지는 것은 아닙니다. 또한 학생들의 슬픔이 크다고 해서 모든 규칙에 예외를 적용할 수도 없습니다. 참을 수 없는 슬픔이라고 해서 위험한 행동이나 규범에 반하는 행동을 허용해서는 안 됩니다.

모두가 안전하게 지내기 위한 한계를 설정하고 또 특정한 행동의 허용과 제한을 지켜야 합니다. 상실로 인한 학생의 슬픔과 강한 분노감을 배려해 일과를 조정하고 배려해 줄 수 있지만 그것이 규범이나 학교 규칙을 위반하는 것이어서는 안 됩니다. 비탄에 빠진 학생을 고려해 주기 위해 특정한 허용이 길어지거나 예외가 늘어나는 것은 별로 도움이 되지 않습니다. 한계를 정해 주는 것은 학생을 안전하게 해 주고 안심하게 해 주는 중요한 장치입니다. 이 규칙과 한계에 대한 단호하지만 친절한 교사의 태도가 아이들의 애도나 슬픔이 엉뚱한 부작용을 만들어 내지 않게 하는 울타리가 됩니다.

잘 들어 주고, 일상을 잘 유지하도록 도우면서, 한계가 어디까지인지 잘 정해 주는 선생님의 안내가 우리 모두를 따뜻한 애도의 여정으로 안전하게 이끌어 줄 것입니다.

# 학교에서의 애도에 관한
# 일반적 지침

① 선생님은 괜찮으신가요? 선생님의 마음 상태를 살피세요.

② 슬픔과 애도는 저마다 독특하다는 것을 기억해 주세요.

③ 많은 애도 전문가들은 완곡한 죽음에 대한 표현보다는 "죽었다."라 는 말이 더 도움이 된다고 합니다.

④ 만일, 학교에서 학생들에게 죽음의 소식이나 큰 상실의 이야기가 공 유되었다면 보호자와도 공유해 주세요.

⑤ 학생이 조문을 다녀오고 싶어 할 때는 함께 다녀오는 것이 좋습니다.

⑥ 애도의 슬픔은 때때로 신체적으로 표현될 수 있다는 것을 기억하 세요.

⑦ 슬프고 힘든 일에 대해 학생들이 이야기할 수 있는 기회를 마련해 주 세요. 자연스러운 감정을 표현하도록 돕는 것이 따뜻한 애도를 촉진 합니다.

⑧ 유독 비탄에 빠지고 힘들어하는 학생들이 있을 수 있습니다.

⑨ 슬픔에 빠진 학생들 중 일부는 정상적인 학교생활로 돌아오는 시점

이 늦어질 수 있음을 이해해 주세요.

⑩ 애도와 관련된 활동과 수업 모두 균형과 조절을 이루려는 노력이라
는 것을 학생들에게 전달하는 것이 중요합니다.

⑪ 슬픔과 상실 문제를 수업 시간에 다루는 것도 좋은 방법입니다.

⑫ 학생들의 추모, 기념 활동 혹은 기념일 행사를 허락해 주세요.

⑬ 특정한 죽음이나 애석한 사건, 사고에 대해 계속 이야기를 나누고 싶
은 학생도 있습니다.

⑭ 오래 힘들어하는 조용한 학생을 놓치지 마세요.

⑮ 따뜻하게 애도한다는 것은 사람들과 함께 슬픔을 나누는 법 그리고
고인이 된 지인을 마음속에 기억하는 법을 배우는 인생의 중요한 수
업입니다.

# 애도 수업 사례

: 이태원 참사 이후, 초등학교 애도 서클의 운영 경험

위지영

수업 전 학생들의 생각은 다양했습니다. 안전이 보장되지 않을 것 같다며 불안한 아이, 핼러윈 학교 행사가 취소되어 화가 난다는 아이, 자신과 가족들은 아무 일 없어서 다행이지만 희생자와 유가족이 불쌍하다는 아이도 있었습니다.

그동안 우리는 감정에 대한 배려 깊은 접근을 한 적이 드물고 사회적 참사가 일어나도 바쁜 일상을 핑계로 성찰 없이 지내 왔던 것이 사실입니다. 대형 재난이 주는 두려움, 존재의 불안은 개개인이 알아서 처리하며 각자도생해 왔다고 할 수 있지요. 공적으로는 아무 일 없는 듯 태연한 듯 지내는 가운데 슬픔과 불안은 내재화되어 버립니다. 여기에는 죽음을 터부시하고 눈에 보이는 성과에 집착하는 물질 만능주의와 가족이 최고의 가치가 된 가족 중심주의 한국 사회 문화도 작용하는 것 같습니다. 죽음도 가족 안에서 해결하려 하니 사회적 참사를 사적 죽음으로 축소하려 하거나 죽은 사람은 돌아올 수도 없는데 왜 계속 문제를 제기해서 사회를 시끄럽고 복

잡하게 만드냐고 비난하기도 합니다.

지금까지 학교는 인지적 영역에 비해 비인지적 영역(감정, 인간관계, 비언어적 의사소통 등)을 다루는 교육 과정이 매우 부족했습니다. 근대 교육의 산물로 인지적 영역의 분과 학문만 강조하다 보니 타인에 대한 공감이 결여되고 자기애적 인간이 증가하며 이로 인해 갑질 사회가 등장한 것이 아닌가 생각합니다. 사회적 참사와 대형 재난에 대해 무관심한 교실은 삶과 앎이 분리된 교육 현장이라고 할 수 있습니다. 자신이 살고 있는 땅에 단단히 발을 디디지 못하고 붕 떠 있는 상태에서 학생에게 배움이란 시험 점수를 올리는 것 이상이 될 수 없지 않나 생각합니다. 책임감을 기르는 교육과 상호 의존성에 대한 이해, 초연결 사회에 대한 시스템적 사고를 배우기 위해서는 애도 수업이 꼭 필요하다고 생각합니다.

여기에서 소개하는 수업은 이태원 참사 이후 시행되었습니다. 아이들이 사회와 연대감을 가진 어른으로 성장하는 계기가 된 좋은 경험이었다고 생각합니다.


1. 애도 수업 소개

- 일시: 2022년 10월 31일(월) 1~2교시

- 장소 및 대상: 4학년의 한 교실

- 사건 개요 공유하기

2022년 10월 29일 오후 10시경, 서울 용산구 이태원동 해밀톤 호텔 옆

좁은 골목에 핼러윈 축제로 수많은 인파가 몰리면서 압사 사고가 발생했다. 통제되지 않은 상황에서 끊임없이 밀려오는 인파로 인해 사전에 위험이 감지되었고, 112와 119 신고가 여러 차례 있었으나 통제나 지원이 부족하여 대참사로 이어져 159명이 사망했다.

(1) 수업 목적
① 이태원 참사를 애도하며 상처 난 마음을 위로하기
② 대형 참사로 인한 슬픔과 두려운 마음을 표현하고 공유하며 공동체 안에서 사랑과 연대의 힘으로 이겨 내기
③ 나와 우리의 안전을 보장하기 위해 스스로 노력하고 실천할 일을 찾는 생활 태도 갖기

(2) 수업 설계(문제 해결 서클에 기반하여 수업 서클로 진행함.)
① 존중과 돌봄의 서클이 되기 위한 우리들의 약속 확인하기
• 토킹 피스를 존중하기
• 자신의 진심을 솔직하게 표현하기
• 서클에서 나온 이야기는 서클에 두고 가기
• 충고, 조언, 평가, 판단은 멈추고 경청하기
• 침묵도 표현의 하나로 인정하기
② 참사 사고, 사별 슬픔에 대한 감정 표현
③ 참사로 우리가 잃어버린 소중한 가치 찾기

④ 나와 타인, 공동체를 위해 부탁할 일 편지 쓰기

• 애도의 벽(편지 붙이기), 희망의 돛단배 협동 작품, 위로의 별 띄우기 등

• 우리들의 애도 정하기(애도 기간, 애도 장소, 애도 방식, 애도의 대상 정하기)

• 유가족에게 편지 쓰기, 선한 댓글 달기, 모금 활동, 캠페인 등 조별 미션 만들어 실행해 보기

⑤ 활동 성찰하기

• 애도 기간을 마친 후 소감 나누기


## 2. 애도 수업 지도안과 활동 예시(2차시)

| 주제 | 시간 | 내용 | 준비물 및 주의 사항 |
|------|------|------|---------------------|
| 공간 열기 | 5분 | • 서클로 한자리에 모인 여러분을 환영합니다.<br>• 잠시 하던 일을 멈추고 종소리가 시작되고 다시 들릴 때까지 자신의 호흡에 집중해 봅시다. | • 센터 피스, 토킹 피스, 싱잉 볼<br>• 책상을 밀고 의자만 갖고 나와 둥글게 모여 앉는다. |
| 연결하기 | 5분 | • 주말을 보내고 학교에 등교한 지금 마음은 어떤가요?<br>• 편안한 몸과 평화로운 마음을 지니기 위해 지금 내게 필요한 가치는 무엇인가요? | 감정 단어 카드, 가치 단어 카드를 수업 전에 미리 펼쳐 놓아서 자신의 감정과 가치를 찾는 데 도움이 되도록 배려한다. |
| 약속 확인 및 일정 확인하기 | 5분 | 우리 반 서클의 약속을 확인해 봅시다. 토킹 피스를 가진 친구만 이야기하고 다른 친구는 경청해 주어요. 토킹 피스를 가진 친구는 원하지 않으면 침묵으로 함께할 수 있어요. | [우리들의 약속]이 잘 보이게 칠판이나 센터 피스에 게시한다. |

**[우리들의 약속]**

1. 비판, 판단, 평가, 충고를 멈추고 공감하며 들어 주기
2. 솔직하게 가슴에 있는 진심을 꺼내 놓기
3. 대화 내용 비밀 유지하기

| | | | |
|---|---|---|---|
| 수업 활동 | 55분 | **활동1)** 이태원 사건을 마주했을 때 나의 마음을 감정 단어로 표현하기<br>· 내가 고른 감정 단어 소개하고 이야기하기<br>**활동2)** 이런 참사가 일어나지 않았다면 어떤 아름다운 일이 생겼을지 상상해 보기<br>· 참사로 우리가 잃어버린 가치가 무엇인지 이유와 함께 찾아보기<br>**활동3)** 다시는 이런 사고가 일어나지 않도록 내가 할 수 있는 것, 안전한 나라가 되기 위해 우리가 어떤 노력을 해야 할지 찾아보기<br>· 제안들을 구체적이고 실행 가능한 사항으로 정리하기 | · 질문 전에 생각할 시간을 주어서 친구가 이야기할 때 자신의 말을 생각하느라 경청하지 못하는 일을 예방한다.<br>· 이야기를 나눈 후 진행자는 학생들의 말에서 의미 있는 내용이나 공유할 만한 내용, 위로가 필요한 말을 정리해 준다. |
| 성찰과 기여 및 수업 닫기 | 10분 | · 오늘 활동을 마치며 우리가 잃어버린 것이 무엇이고 다시 지켜야 할 것이 무엇인지 함께 생각해 보는 시간을 가졌습니다. 함께해 주신 여러분께 깊이 감사드립니다.<br>· 안타깝게 소중한 생명을 잃은 희생자와 유가족을 애도하며 잠시 추모의 시간을 가지며 오늘 활동을 마치겠습니다. | 종소리로 안내한다.<br>(묵념 시간 30초) |

(1) 애도 수업을 하기 전 아이들의 생각 글쓰기 내용

- 처음 이태원 참사 이야기를 들었을 때 느낌이 이상했다. 잘못 말하는 줄 알았다. 근데 그게 사실인 걸 알고, 제일 먼저 오빠에게 전화해 잘 있는지 물어보았다. (대학교에 다니며 기숙사에서 지내는 친오빠) 정말 한꺼번에 많은 사람이 죽는 게 너무 허무하다.

- 어제 핼러윈 파티를 하다가 이태원 참사가 일어났다. 다행히 나는 이태원에 있지 않았지만 그 작은 곳에서 150명이 넘는 사람들이 죽었다는 것은 정말 큰 사건인 것 같다. 사람들이 질서를 잘 지켰다면? 사람들이 건물 안이나 위로 올라갔다면? 몇 명의 사람들이 다른 사람들을 밀지 않았다면? 이렇게 하지 않았다면 이태원 참사는 일어나지 않았을까? 다시는 이런 마음 아픈 사고가 일어나지 않으면 좋겠다.

- 형, 누나들이 공부를 다 하고 쉬러 이태원에 놀러 갔는데 친구를 밀어 버리고, 사람들에게 깔리고, 밀려서 하늘로 갔다니 안타까운 일이다. 사람들이 희생되지 않았어야 했다.

- 이태원 참사는 절대 일어나면 안되는 사고며 부주의한 상황, 동선이 겹치기 때문에 일어난 최악의 참사다.

- 십 대, 이십 대 분들의 명복을 빕니다. 압사로 인해 돌아가신 159명의 명복을 빕니다. 이태원 참사에서 돌아가신 분들이 너무 많아서 충격적이고 비극적입니다. 그리고 중3인 열여섯 살 언니가 그 한순간에 압사를 당해서 너무 슬픕니다. 16세라는 꽃다운 나이에 세상을 떠나다니……. 아직 해 보지 못한 게 많았을 텐데. 그 언니가 하고 싶은 것을

못 이루고 세상을 떠나서 슬픕니다. 앞으로는 한국에 이런 일이 안 일어났으면 좋겠습니다.

- 지난 10월 29일 이태원에서 150여 명의 사람들이 압사로 인해 사망했다는 뉴스를 보고 소스라치게 놀랄 수밖에 없었다. 정말 깜짝 놀랐다. 내가 거기에 가지 않아서 다행인 것 같다.

- 사람이 죽어서 좀 많이 안됐고 걱정되고 살짝 어이없고 그런 느낌이 많이 드는 것 같다.

- 이태원 압사 사고는 정말 슬프다. 도미노처럼 넘어져서 사망했다고 한다. 나는 그게(이태원에서 열린 핼러윈 행사) 있는지도 몰랐는데 알았다면 엄마한테 가자고 졸랐을 지도 모른다. 모르는 게 약이라더니 진짜가 보다. 그 뉴스를 봤을 때 무서웠다.

- 정말 죽는 건 순서가 없는 걸 알았다. 이태원에 간 게 잘못은 아닌데. 즐거운 마음으로 갔을텐데.

- 이태원 참사라는 말이 너무나 슬프네요. 왜 이태원에서 축제를 열었는지. 너무 슬프네요. 전에 한강에 불꽃 축제를 보러 갔는데 사람이 너무 많아서 불편하고 놀랐던 일이 생각났어요. 다음에는 사람이 많은 곳에는 가지 않을 거에요.


(2) 애도 수업 후 아이들의 소감 나누기

- 처음엔 마음이 슬펐다가 지금은 말한 내용을 잘 실천할 수 있을 것 같다.

267

- 이태원 참사 때문에 슬펐는데 서클로 모여서 말하고 나니까 슬픈 마음이 조금 나은 것 같다.
- 수업하기 전에 이태원 생각 때문에 슬펐지만 이 수업을 하니까 기분이 좀 더 나아졌다.
- 기분이 좀 더 좋아진 것 같다.
- 이태원 참사 소식에 조금 두려웠는데 우리 반에서 같이 말을 하니까 조금 안심이 된다.
- 처음에는 마음이 착잡했지만 나중에는 이 약속을 실천할 수 있다는 희망이 생겼다.
- 전에는 마음이 아프고 불안했는데 지금은 한결 편해졌다.
- 이태원 참사가 일어난 이유가 많다는 것을 알게 되었다.
- 이태원 참사라는 말만 들어도 너무 슬펐는데 지금은 안전할 거 같아서 안심이 된다.
- 우리 주변에도 위험이 도사리고 있다는 걸 알았다. 더욱 조심해야겠다.
- 전에는 놀랐는데 이제는 친구들과 이야기를 해서 괜찮아졌다.
- 지금까지 말한 여러 의견이 지켜졌으면 좋겠다.
- 아까는 마음이 아프고 답답했는데 지금은 편안하다.
- 시작할 때는 착잡했는데 지금은 속시원하다.

(3) 수업 진행 과정

① 이태원 참사를 떠올릴 때 나의 감정은?

- 무서운, 속상한, 겁나는, 답답한, 심란한, 괴로운, 슬픈, 우울한, 놀란, 불안한, 실망스러운, 걱정스러운, 마음이 아픈, 서운한

② 이런 일이 생기지 않았다면 어떤 아름다운 상황이 펼쳐졌을지 상상해 보기

- 이태원 참사가 일어나지 않았다면 평소보다 더 행복한 핼러윈이 되었을 것 같다.
- 이태원 참사가 일어나지 않았다면 사람들이 스무 살 꽃다운 나이에 꿈을 펼쳤을 것 같고 재밌는 추억을 만든 다음 다시 평범한 생활을 했을 것 같다.
- 이태원 참사가 일어나지 않았다면 사람들이 죽지 않아서 즐겁게 핼러윈을 맞이해서 좋은 추억을 많이 쌓았을 것 같다.
- 이태원 참사가 일어나지 않았다면 행복하게 친구들과 추억을 만들었을 것이고 재미있는 분장도 하고 돌아다녔을 것이다.
- 이태원 참사가 일어나지 않았다면 핼러윈이 기쁘고 좋은 추억으로 남고, 많은 사람들의 죽음도 없었을 것 같다. 모든 사람이 평상시대로 살았을 것이고 경찰관이나 소방관, 유가족 들이 죄책감을 가질 일도 없었을 것이다.
- 이태원 참사가 없었다면 오늘 우리는 미술 수업을 했을 것이고 다른 사람들은 행복하고 즐거운 추억을 만들었을 것이다.
- 이런 대형 참사가 일어나지 않았다면 돌아가신 분들은 평소 살던 대

로 생활하고 있을 것 같다.

- 이태원 참사가 일어나지 않았다면 원래도 재미있었지만 더 재미있는 주말이 되었을 것이고 사람들이 슬퍼하지 않았을 것이다.

- 이런 일이 일어나지 않았으면 아직 꿈을 이루지 못하고 가 버린 언니, 오빠 들이 꿈을 이룰 수 있을 것이고 사람들에게 행복한 추억이 되었을 것이다. 그리고 인구가 줄어드는 일도 없었을 것이다.

- 이태원 참사가 일어나지 않았다면 재밌게 놀다가 집으로 돌아갔을 것 같다. 그러면 평화롭고 행복했을 텐데, 만약에 그 일이 안 일어난 채로 다음에 축제가 열려서 사람이 많이 오고 또 질서가 안 지켜졌다면 어땠을까 하는 생각에 걱정되고 불안한 느낌도 든다. 그래도 그 일이 없었다면 좋았을 것이다.

- 이태원 참사가 일어나지 않았다면 우리는 즐거운 핼러윈 파티를 열었을 것이고, 언제나처럼 즐거운 월요일을 맞았을 것이다.

- 이태원 참사가 일어나지 않았다면 추억에 남는 핼러윈이 되었을 것이다.


③ 다시는 이런 사고가 일어나지 않도록 제안하기

- 큰 축제에는 사람들이 들어갈 수 있는 인원수를 정하기
- 사람들이 많이 모이는 곳에는 경찰관, 소방관을 더 많이 오게 하거나 들어올 수 있는 사람 수를 정하기
- 사람이 많이 모이는 곳에 가면 서로 밀치지 않고 질서 있게 행동하기

- 경찰은 미리 와서 질서를 지키라는 표지판을 들고 있고 축제를 즐기러 오는 사람들은 경찰의 말을 잘 따르기
- 사람이 많이 모이는 곳에서 질서 있게 다니고 혹시나 참사가 또 일어날 수 있으니까 경찰들이 그 주변을 돌아다니기
- 경찰은 사람들이 많이 모이는 핼러윈인 만큼 교통안전을 강조하고 사람들이 쉽게 이동할 수 있도록 안내해 주기
- 파티에 간 사람들은 더 배려하며 질서 지키기
- 용산구와 서울시는 모든 축제를 취소하고 추모하는 기간을 만들기
- 다른 사람들이 민다고 해서 자기도 밀지 않기
- 질서를 지키는 법이 있다는 표지판을 입구 쪽에 붙이기
- 사람이 많은 곳에서는 경로를 지키고 동선을 겹치지 않게 하기
- 경로를 두 개 이상 만들어 동선 겹치지 않게 하기
- 사람들이 많이 모이는 곳에는 경찰을 배치하고 참가자 수를 정하기
- 이런 일이 생기지 않도록 경찰을 잘 배치하기
- 경찰들은 좀 더 빠르고 안전하게 통제하고 사람들은 지시에 따라 안전하게 이동하기
- 축제일에 인원수를 적게 하고 울타리를 쳐서 사람들을 통제하고 CCTV를 설치해서 지켜보기
- 경찰들은 축제와 행사가 있을 때 사람들을 한쪽으로 지나가게 해 주고 소방관은 대기하기

④ 모둠 토론 후 우리 반의 네 가지 약속 세우기

• 사람이 많이 모이는 곳은 가지 않기

• 대형 행사나 축제가 있으면 사전 조사를 해서 참가 여부를 신중하게 결정하기

• 평소에 복도에서 조용하고 질서 있게 행동하기

• 공공장소에서는 대피로를 항상 확인하여 사고를 예방하기


## 3. 애도 수업 후 의의와 주의할 점

### (1) 애도 수업 후기

사회적 참사를 마주할 때마다 아이들 앞에 서는 교사로서의 고민은 더해집니다. 마치 사회의 대변자가 되어 어린 학생들에게 변명을 해야 할 것 같은 느낌이 들기도 합니다.

"이렇게 부당하고 억울한 일만 있는 건 아니야, 그래도 삶은 살아갈 가치가 있어."

어른들이 느끼는 정신적 충격과 불안의 정도를 생각하니 어린 학생들은 얼마나 힘들까 헤아려 보게 되었고 그들을 돕고자 애도 수업을 준비하게 되었습니다. 두려움과 혼란이 혼자만 느끼는 감정이 아님을 알고 슬플 때 슬프다고 마음껏 이야기할 수 있는 자리를 만들어 준 것은 아이들에게 큰 힘이 되었습니다. 아침에 등교할 때는 힘들었는데 애도 수업 후 마음이 가벼워졌다는 아이들을 보며 힘든 감정을 숨기거나 억누르지 않고 단순히 털어놓는 것 자체로

치유 효과가 있음을 다시 확인했습니다.

희생자와 유가족에게 전하고 싶은 말을 쪽지로 쓰는 후속 활동에서 학생들은 타인의 입장에서 당사자의 기분을 이해하고 마음을 정리해 볼 수 있었습니다. 나와 타인, 공동체를 위해 다시는 이런 일이 일어나지 않도록 할 일을 찾는 과정에서는 학생들은 진지한 모습으로 모둠 토론에 참여했습니다. 아이들은 안타까운 마음에 속수무책으로 머물러 있지 않고 작게라도 할 수 있는 구체적 약속을 만들면서 안심이 되었다는 소감을 이야기했습니다. 애도 수업이 학생들로 하여금 슬픔을 표현하게 했지만 그 감정에 깊이 빠지며 우울로 가지 않게 하는 예방 효과가 있다는 것을 느끼기도 했습니다.

학교 선생님들은 학생의 조부모나 가족이 사망했다는 소식을 수업 중에 학생에게 전해야 할 때가 있습니다. 일주일간 경조사 결석으로 학교에 나오지 않는 학생의 소식을 궁금해하는 다른 학생들에게 죽음에 대해 설명해 주어야 할 때도 있습니다. 최근에는 담임 선생님이 자살하여 학교 관리자와 동료 교사들이 그 반 아이들에게 어떻게 소식을 전해야 할지 고민하는 일이 있었습니다. 학생이 사망했을 때는 학교의 다른 학생들에게도 애도 수업이 필요하다고 생각합니다. 다양한 사별 사례마다 수업 매뉴얼이 마련되어 적극적으로 마음을 돌볼 수 있는 애도 수업이 이루어졌으면 하는 바람입니다.

(2) 애도 수업의 의의

① 사회적 참사와 대형 재난은 모두가 겪은 공동의 경험으로써 이에 대해 함께 이야기를 나누며 내적 연대감을 느낄 수 있습니다.

② 삶과 죽음이라는 인류 보편적 문제를 두고 애도 수업을 하면서 세계 시민적 윤리 의식을 기를 수 있습니다.

③ 자신이 살아가는 사회의 문제를 수업으로 끌어와 자기 입장을 표현하고 정리하면서 학교에서의 배움을 자신의 삶과 연결할 수 있습니다.

④ 애도 수업은 정치적 편향과 진영 논리를 초월해 보편적 가치로 접근해야 합니다.

⑤ 학생들이 수업 시간에 함께 애도하면서 협력적 사고, 비인지적 영역의 학습을 할 수 있습니다.

⑥ 애도 수업으로 학생은 정서적 지능의 영역을 확장하고 슬플 때 마음껏 슬퍼할 수 있는 사회적 기술을 배울 수 있습니다.

⑦ 미래를 살아갈 학생들이 재난의 과오를 되풀이하지 않는 사회를 만들기 위해 우리가 할 수 있는 일이 무엇일지 찾으며 회복 탄력성을 기르게 됩니다.


(3) 애도 수업의 효과

① 학생은 각자도생해 왔던 감정을 공적으로 끌어내 메타 인지적으로 바라볼 수 있는 기회를 얻습니다.

② 학생은 애도 수업을 통해 시스템적 사고와 함께 사회가 유기적으로 연결되어 있음을 경험할 수 있습니다.

③ 학생은 애도 수업으로 인류에 대한 책임감, 동시대를 살아가는 사람으로서 연대감, 사회적 사건에 대한 체감, 정치적 문해력을 배울 기회, 사회 정의감을 성찰할 기회를 가질 수 있습니다.

④ 학교에서 함께 애도하는 시간을 주체적인 사회 구성원으로 성장하고 책임감 있는 시민으로 자라는 계기로 삼을 수 있습니다.

⑤ 자신의 감정(슬픔, 두려움, 미안함, 무력감 등)을 돌보고 타인의 고통을 공감하고 돌보는 과정을 통해 내면의 힘을 기르고 타인을 향한 배려심을 가질 수 있습니다.

⑥ 학생은 애도 수업을 통해 사회 정서 학습의 역량을 기를 수 있습니다.

⑦ 사회적 참사, 죽음에 대한 다양한 시각을 이해하고 복잡한 상황에 대한 새로운 문제 해결력을 발휘할 수 있습니다.

⑧ 애도 수업은 참여형 협동 학습으로 학생의 비판적 사고, 반성적 사고를 기를 수 있는 수업입니다.

⑨ 학교에서 추모 활동을 급우들과 함께하며 학교에 대한 소속감이 생깁니다.

⑩ 슬픔과 상실감으로 인한 학생들의 무력감이 감소하고 나와 타인, 공동체를 위해 해야 할 일을 찾으며 학습 의욕이 높아질 수 있습니다.

(트라우마로 남을 사건이 회복 탄력성을 갖는 기회로 전환됨.)

(4) 애도 수업에서 주의할 점

① 애도 수업을 하려고 계획하면 수업을 정치적으로 이용한다면서 거부하는 학생이나 학교 수업이 정치적 중립에서 벗어난다고 반대하는 학부모가 있을까 봐 걱정하는 교사들이 있습니다. 이럴 때는 애도 수업의 의미와 목적, 애도 수업 활동을 미리 공개하여 수업에서 다루는 내용에 대한 동의를 얻는 것이 필요하다고 봅니다.

② 선생님이 수업 활동을 전개할 때 애도하지 않으려는 학생들, 애도가 필요 없다는 학생이 있을 수 있습니다. 애도 수업은 자발적 참여가 중요하므로 참여하지 않겠다는 아이들의 의견을 존중하여 다른 활동을 선택할 수 있도록 안내합니다. (독서하기, 그림 그리기, 교과 활동 복습하기 등) 이때 다른 활동은 애도 수업을 방해하지 않으면서 참여할 수 있는 종류여야 하며, 학생이 원하면 언제든 애도 수업에 다시 복귀할 수 있다고 알려 줍니다.

③ 형식적인 애도가 되지 않으려면 애도 수업 전에 함께 지켜야 할 약속을 정할 필요가 있습니다. 옳고 그름에 대한 자신의 생각이나 논리를 설명하기보다는 자기 내면의 이야기를 진솔하게 할 것, 혼자 이야기를 길게 하지 말 것 등 모두가 자기 마음을 털어놓는 데 도움이 되는 안전장치로 학생들과 약속을 같이 만들어 교실 한쪽에 게시해서 항상 볼 수 있게 합니다.

④ 의미 있는 애도 수업이 되기 위해 서클 방식으로 수업하는 것이 적합합니다. 서클을 구성하는 핵심 요소들은 참여자들의 소통을 도우면

서 자신의 진실을 말하고 타인을 깊이 이해할 수 있게 해 줍니다. 서 클의 물리적 구조는 비언어적인 형태의 말과 행동이 표현될 수 있도 록 되어 있습니다. 서클에서는 모든 사람들에게 공평하게 말할 기회 가 주어지고 또 경청하게 됩니다. 학생들은 모두 동등한 서클의 구성 원으로 존재하며 서클은 말과 행동에 책임지는 것을 배우는 공간이 됩니다.

# 자살 시도 학생의
# 담임 선생님에게
# 드리고 싶은 이야기

 

 

교육부는 초1, 초4, 중1, 고1 학생들을 대상으로 매년 학기 초에 학생 정서·행동 특성 검사를 실시하여 관심군 학생들을 전문 기관에 연계하고 지속적인 상담을 통해 관리하고 있습니다. 검사에서는 다양한 정서·행동적인 문제, 성격 특성을 평가합니다. 특히 자해를 했거나 자살 생각을 해 봤는지, 구체적인 계획을 세우고 있는지, 자살 시도가 있었는지를 확인하여 자살 위기 학생을 선별하고 있습니다. 하지만 자기 보고식 검사다 보니 드러나지 않은 경우도 많습니다.

자살 사고思考가 모두 자살 시도나 자살로 이어지지는 않지만, 국립 중앙 의료원의 분석에 따르면 자살 시도로 응급실 내원한 청소년은 2016년 1,894건에서 2019년 3,892건으로 4년간 두 배 이상 증가했다고 합니다. 청소년 자살 시도는 가파르게 증가하고 있으며 이는 평생에 걸쳐 반복적으로 발생할 가능성이 큽니다. 자살 사안이 발생하면 어떻게 해야 하는지 구체적인 매뉴얼과 지침들이 마련

278                                                                         부록

되어 있지만, 자살 시도 학생에 대해서 어떻게 대처해야 하는지 알려 주는 자료는 부족한 편입니다. 특히나 당사자를 마주해야 하는 교사들은 가슴을 쓸어내리지만 무엇을 어떻게 해야 할지 막막합니다. 제한적이긴 하지만 저의 사례를 바탕으로 담임 선생님께서 살펴봐야 할 것들을 점검해 보셨으면 합니다.

### 1. 선생님 혼자 감당하지 마세요

사안을 인지한 즉시 보호자에게 연락을 취합니다. 해당 학생이 보건실에서 안정을 취하도록 하고 외상이 있는지 파악합니다. 위기관리 위원회를 개최하여 학교 차원에서 역할 분담과 학생 지원 방안을 고민합니다. 병원 연계 및 후송, 경찰 신고 여부 판단, 교육청 보고, 가정 방문, 이후 출결 문제, 목격자 파악과 심리적 안정화 그리고 선생님 자신을 돌보는 것까지 관리자 및 동료들과 역할을 분담하거나 함께해야 합니다.

### 2. 자살 시도한 학생이 혼자 있지 않도록 해 주세요

아이는 자신의 행동이 일시적으로 기억이 안 날 수 있습니다. 하지만 본인도 놀라고 더 위축되어 죄책감에 휩싸여 있을 겁니다. 누군가 곁에 있는 것, 손을 잡아 주는 것만으로도 큰 힘이 됩니다. 집에 가더라도 보호자에게 당분간은 아이를 혼자 두지 않도록 당부하며 아울러 보호자의 놀란 마음도 다독여 주어야 합니다. 가능하다면 출장을 내시고 가정 방문하기를 권합니다. 좀 더 깊은 이야기를 나누며 아이에게 어떤 도움이 필요한지 알 수 있습니다.


### 3. 목격자들의 안정화도 필요합니다

그 사실을 전해 들은 것만으로도 학생들은 불안해하거나 두려울 수 있습니다. 학교 내외 전문가를 통한 위기 개입이 필요합니다. 그리고 목격자들이 자신의 생각을 정리하고 이야기를 나눌 수 있는 기회가 있어야 합니다. 밖으로 말하는 것이 어려울 수 있다면 질문지를 주고 작성하게 할 수 있습니다. 아래는 예시입니다.

- 관련하여 내가 알고 있는 사실은 무엇이고, 자신의 생각이나 느낌은 무엇입니까?
- 지금 가장 걱정이 되는 것과 담임 선생님이 알아주었으면 하는 것은 무엇입니까?
- 모두의 일상 회복을 위해 내가 할 수 있는 것은 무엇입니까?
- 응원의 메시지를 적어 보세요.(선택)


### 4. 자살을 시도한 그 학생은 어쩌면 교실로 돌아갈 수 없을지 모르지만 누구보다 교실에 가고 싶어 할 겁니다

자살을 시도한 학생은 더 이상 학교에 다닐 수 없을지도 모릅니다. 그 학생에게는 충분한 시간과 기회 그리고 기다림이 필요합니다. 학업 중단 숙려제를 활용하거나 학교 내 대안 교실을 이용하여 지지와 공감과 함께 스트레스를 관리하는 방법을 익히게 하는 것이 좋습니다. 다른 학생들이 적어 준 응원의 메시지를 건네 주면 용기를 낼 수 있지만 교실에 돌아가기 위해서는 더 많은 시간이 필요할 수 있습니다. 환경을 바꿔 새로운 학교로 가서 오히려 잘 지내는 경우도 있지만 이는 학생의 상황과 조건 등에 따라 스스로 선택할 수 있어야 합니다.

## 5. 대부분 대인 관계에서 문제가 발생합니다

이들은 대인 관계의 어려움을 오래도록 호소한 공통점이 있었습니다. 학교에서 친구들과의 관계가 틀어지고 관계 공격을 당하면 하루아침에 혼자가 되어 버립니다. 자신은 쓸모없는 존재이고 부모에게 짐이라는 생각, 자신은 어찌할 수 없다는 절망감, 세상에 홀로 내버려진 것 같은 고립감은 결국 생을 포기하려는 지경에 이르게 됩니다. 더군다나 가정에서조차 지지받지 못하고 안정감을 느끼지 못하면 그 위험성은 더욱 커집니다.

"선생님에게 여러 번 말했지만 바뀐 것은 없었어요. 아무런 소용이 없었어요."

"엄마도 그럴 거면 그냥 나가서 죽으래요."

"전학이라도 보내 달라고 하는데, 그곳에 가도 똑같을 것이라며 여기서 버티래요. 제가 무엇을 할 수 있죠?"

"학교에 가도 힘들고, 안가도 힘들어요. 그냥 여기서 끝내고 싶어요. 그러면 좀 편안해지겠지요?"

요즘은 SNS 상에서 관계의 문제가 시공간을 초월하여 나타나고 있습니다. 사이버 폭력으로 인해 언제, 어디서나 위험에 노출되어 있지요. 아이들에게는 사이버 세계와 현실 세계가 다르지 않습니다. 누군지도 모르는 다수에게 공격을 당하고 확산되는 것에 속수무책일 수밖에 없습니다. 선생님께서는 개인의 문제에서 관계를 중심으로 한 학급 역동을 살폈으면 합니다.

## 6. 학교 밖의 프로그램을 통해 새로운 관계를 형성할 수 있는 기회가 필요합니다

학교 안 친구들과의 관계가 어렵고 편견이 있다면 외부 활동으로 만난 새로운 친구를 통해 자신감을 회복할 수 있습니다. 안전한 관계를 경험하고 그 관계를 바탕으로 새롭게 관계를 이어 가는 것이지요. 지역의 청소년 단체의 동아리, 캠프 등에 참여함으로써 또 다른 활력을 얻을 수도 있습니다.

## 7. 죽고 싶은 사람은 없습니다

죽고 싶다는 생각을 종종 한다는 학생을 따로 불렀습니다. 학생은 "죽고 싶다는 생각을 한 번도 안 해 본 사람이 있나요? 선생님은 안 그러셨어요?” 하고 능청스럽게 되묻습니다. 상담실까지 불러 갈 정도로 심각한 것은 아니라고 항변했습니다. 나중에 안 사실이지만 가정에서도 학교에서도 힘겹게 견뎌 내고 있는 학생이었습니다. 다만 자신의 문제를 해결할 수 있을 거라는 기대를 하지 않았기에 도움도 받고 싶지 않았다고 합니다. 선생님께서는 아이의 문제를 해결하겠다는 생각보다 그 고통을 함께하겠다는 마음으로 만나면 좋겠습니다. 믿을 수 있는 누군가에게 말을 하는 것만으로 아이는 자신이 만든 고통에서 벗어날 수 있습니다.

# 급성 스트레스 장애와
# 외상 후 스트레스 장애의
# 진단 기준

죽음을 비롯한 여러 상황이 트라우마가 되고, 이 트라우마가 회복 탄력적으로 대처되지 않을 때 사람들은 병적 상태가 되는 특별한 상황에 이를 수 있습니다.

힘든 일을 겪었을 때 나타날 수 있는 대표적인 진단은 외상 후 스트레스 장애Post Traumatic Stress Disorder입니다. 외상 후 스트레스 장애는 보통 한 달 이상 증상과 징후가 지속될 때를 말하고, 아직 한 달의 시간이 경과하지 않았을 경우는 급성 스트레스 장애Acute Stress Disorder라고 부릅니다. 아래 소개하는 것은 흔히 진단 기준으로 사용하는 미국 정신 건강 의학 통계 편람DSM-5에 따른 진단 기준 자료입니다. 많은 의료진들은 외상 후 스트레스 장애라는 진단을 내릴 때 아래 기준에 의거해서 내립니다.

## 1. 급성 스트레스 장애[37]

Ⓐ 정서상 또는 행동상의 증상이 확인 가능한 스트레스에 대한 반응으로 나타나며, 스트레스가 나타나기 시작한 지 3개월 이내에 발생함.

Ⓑ 증상이나 행동이 임상적으로 심각하며, 다음 중 한 가지로 입증됨.
  ① 증상의 심각도나 양상에 영향을 주는 외부 상황이나 문화적 요인을 고려하더라도 스트레스의 심각도나 강도에 비해 훨씬 심한 고통
  ② 사회적·직업적 기능이나 다른 중요한 영역에서 심각한 손상

Ⓒ 스트레스와 관련되는 장애는 다른 정신 장애 진단 기준을 만족하지 않으며, 단순히 이전에 존재하던 정신 장애가 악화된 것이 아님.

Ⓓ 증상이 사별에 의해 나타나는 것이 아님.

Ⓔ 일단 스트레스 요인(또는 스트레스 결과)이 종결되면, 증상은 종결 후 6개월 이상 지속되지 않음.

## 2. 외상 후 스트레스 장애[38]

🅐 실제 죽음이나 죽음에 대한 위협, 심각한 부상 또는 성폭력에 다음 한 가지 이상의 방식으로 노출됨.

① 외상성 사건을 직접 경험

② 타인에게 일어난 사건을 직접 목격

③ 가까운 가족 혹은 가까운 친구에게 사건이 일어난 것을 알게 됨(가족이나 친구가 실제로 사망하거나 이에 준하는 상황을 경험한 경우, 사건은 반드시 폭력적이거나 갑작스럽게 일어난 일이어야 함.).

④ 외상성 사건의 혐오스러운 세세한 내용에 대한 반복적이거나 심한 정도로 노출을 경험함.

> 예 사체를 수습하는 긴급 구조대원들, 아동 학대의 자세한 내용에 반복적으로 노출된 경찰관

> ※ **주의:** ④ 항목은 그 노출이 직업과 관련된 이들이 겪는 전자 매체, 텔레비전, 영화 혹은 사진을 통한 노출에는 적용되지 않음.

🅑 외상성 사건과 관련된 다음의 침습적 증상들이 사건 이후 한 가지 이상 나타남.

① 반복적, 불수의적 그리고 침습적이고 괴로운 외상 기억

② 내용이나 정동이 외상성 사건과 관련된 반복적인 괴로운 꿈

③ 외상성 사건이 다시 일어나는 듯이 느끼거나 행동하는 해리 반응(예 플래시백)이 나타남(이런 반응은 다양하게 나타나며 심한 경우에는 현재 상황

을 전혀 인식 못할 수 있음.).

④ 외상성 사건의 일부와 유사하거나 그것을 상징하는 내적 혹은 외적
자극에 노출되었을 때 나타나는 강력하거나 지속적인 심리적 고통

⑤ 외상성 사건의 일부와 유사하거나 그것을 상징하는 내적 혹은 외적
자극에 노출되었을 때 나타나는 현저한 생리적 작용

© 외상성 사건과 관련된 자극에 대한 지속적인 회피가 사건이
일어난 뒤 시작되고, 다음의 한 가지 혹은 두 가지 증상이 나타남.

① 외상성 사건이나 이와 밀접하게 관련된 고통스러운 기억, 생각 혹은
감정을 회피하거나 회피하려고 노력함.

② 외상성 사건이나 이와 밀접하게 관련된 고통스러운 기억, 생각 혹은
감정을 회상시키는 외부 요인들(예 사람, 장소, 대화, 활동, 물건, 상황)을
회피하거나 회피하려고 노력함.

Ⓓ 외상성 사건이 일어난 뒤에 시작되거나 악화되는 사건과 관
련된 인지와 기분의 부정적인 변화가 다음 중 두 가지 이상 나타남.

① 외상성 사건의 중요한 측면을 기억할 수 없음.

• 전형적으로 해리성 기억 상실 때문임.

• 두부 손상, 알코올 혹은 약물과 같은 다른 요소들은 제외함.

② 자신과 타인 또는 세상에 대한 지속적이고 지나친 부정적 믿음이나
기대

- "나는 나쁘다."
- "누구도 믿을 수 없다."
- "세상은 모든 것이 위험하다."
- "나의 모든 신경계가 완전히 망가졌다."

③ 외상성 사건의 원인이나 결과에 대해 자신이나 타인을 비난하게 되는 지속적이고 왜곡된 인지

④ 지속적인 부정적 감정

　例 두려움, 공포, 분노, 죄책감 혹은 수치심

⑤ 의미 있는 활동에 흥미를 갖거나 참여하는 것이 심하게 감소함.

⑥ 타인들로부터 고립되었거나 소외된 느낌

⑦ 긍정적인 감정을 지속적으로 경험할 수 없음.

　例 행복, 만족감 혹은 사랑하는 감정을 경험할 수 없음

　E　외상성 사건과 관련된 각성과 반응의 심한 변화가 다음에서 두 가지 이상 사건이 일어난 뒤에 시작되거나 악화됨.

① 전형적으로 타인이나 물체에 대한 언어적 또는 신체적 공격으로 표현되는 과민한 행동과 분노 폭발(유발 인자가 거의 혹은 전혀 없음.)

② 무모하거나 자기 파괴적인 행동

③ 과각성

④ 과도한 놀람 반응

⑤ 집중의 어려움.

⑥ 수면 장애

　　예 잠들기 어렵거나 잠을 계속 자기 어렵거나 편히 잠을 못 잠.


　F 증상(진단 기준 B, C, D, E)의 기간이 한 달 이상임.


　G 증상이 임상적으로 심각한 고통이나 사회적이나 직업적, 다른 중요한 기능 영역에서 장해를 초래함.


　H 증상이 물질(약물, 알코올 등)의 생리적인 반응이나 또 다른 의학적 상태에 기인한 것이 아님.

# 교사를 위한
# 분노, 애도, 연대의 모임
# 운영 매뉴얼

선생님들과 가까이 지내기 시작한 십여 년 전부터 많은 선생님들이 고통을 감내하고 때로는 자존감마저 내려놓으면서 좋은 수업을 위해 열정을 다하고, 행복한 교육을 위해 헌신하는 것을 알고 있었습니다. 하지만 그 아픔이 죽음에 닿을 지경인데도 불구하고 교사들의 죽음이 사회적으로 충분히 존중받지 못하는 상황은 너무 안타까웠습니다.

그렇게 괴로울 때, 그렇게 외로울 때, 그렇게 힘들 때 도와주는 손길과 시스템이 절실합니다. 선생님들이 홀로 일하게 해서 안되고 또 홀로 다 감당하게 두어선 안됩니다. 허락하에 제가 상담했던 선생님의 소원을 하나 말씀드리겠습니다.

"교실에서의 삶은 때때로 얼음장 위를 걷는 것과 같다. 전쟁터 속 수많은 부상병들 틈에 서 있는 위생병 같다는 느낌도 받는다. 나의 소원은 하루라도 싸움이 없기를, 하루라도 민원이 없기를, 하루라도 공문 없기를."

젊은 교사들의 자살이 이어진 시기에, 현장 선생님들과 가졌던 모임의 운영안을 공개합니다. 선생님들께서 갖고 계신 형언할 수 없는 고통과 슬픔을 털어놓고, 함께 도울 수 있는 시간을 만드셨으면 좋겠습니다.

## 1. 여는 모임(5~10분)

| 주제 | 발언 | 주의 사항 |
|---|---|---|
| 환영사 | 이 자리에 와 주신 모든 분을 환영합니다. 함께 하는 마음으로 시작부터 마칠 때까지 임해 주시기를 바랍니다. 돌봄과 나눔, 그리고 연대와 실천의 자리가 되기를 기원합니다. | |
| 어떤 마음으로, 왜 모이게 되었는가 | 우리는 자신을 돌보고 서로를 돌보고자, 그리고 교육과 학교를 사랑하는 마음으로 모였습니다. 젊은 교사들의 죽음을 애도하고 다시는 그런 일이 일어나지 않도록 하기 위해 필요한 분노, 돌봄의 연대, 약속과 실천을 나누기 위해 모였습니다. | • 시간이 충분하면 하나의 서클로 하고, 시간이 충분하지 못하면 모둠을 나누어서 모두가 이야기하고 쳐다보며 대화를 나눌 수 있도록 해 주세요! |
| 추모 묵념 | 안타까운 교육 현실 속에서 스스로 목숨을 끊어야 했던 안타까운 교사들, 우리 교육의 부조리한 현실 속에서 상처받는 모든 이들을 기억하고 함께하겠다는 마음을 모아 추모의 묵념을 함께 하겠습니다. (묵념 시작/묵념 바로) | • 모임의 규모에 따라 서클을 8~10명으로 나누어도 좋습니다. |
| 낭송 | 모임의 성격에 맞는 적절한 글 낭송<br>⑩ 스테판 에셀, 『분노하라』 중 일부 | • 15명 미만인 경우 하나의 서클로 해도 좋습니다. |
| 모임 진행 안내 및 발언 원칙 소개 | • 토론의 자리가 아니라 고백의 자리입니다. 비평하지 않고 경청합니다.<br>• 함께 나누는 자리입니다. 충고나 조언을 하지 않고 경청합니다.<br>• 함께 돌보고 연결되어 힘을 모으는 자리입니다. 연결을 향해 함께해 주세요! | |

## 2. Part 1 분노의 장(15분~20분)

| 주제 | 발언 | 주의 사항 |
|---|---|---|
| 한 줄 마음 나누기 | 나누어 드린 용지에 5분간 최근의 사건 중 분노하는 것에 대해 써 주세요. 이 시간은 우리가 마땅히 해야 할 분노에 관해 이야기를 나누려 합니다.<br>※ 준비물: '나는 _____에 분노한다.'라고 쓴 종이 등 | 각자 쓴 후, 설명하게 하거나 한 종이에 옆으로 돌아가며 모두 쓴 후, 사람을 정해 읽어 보게 하는 방식도 좋습니다. |
| 함께 공유하기 | 자신이 쓴 문구를 바탕으로 모든 구성원이 소감을 나누려 합니다. 돌아가면서 이야기해도 좋고, 자발적으로 이야기해도 좋습니다. 단, 묻거나 반박하지 마세요. 모두의 느낌을 존중하며 들어 주세요. | |
| 평화의 호흡 | • 분노의 마음을 잘 간직합니다. 건강한 분노는 우리에게 힘을 줄 것입니다. 모두 편안한 자세로 큰 숨을 내쉬어 봅니다.<br>• '들숨 4초, 날숨 7초'를 네 번 반복합니다. 그리고 자신의 건강한 분노를 마음에 잘 간직하기로 하고 양손을 포개어 가슴으로 가져간 뒤 10번씩 손을 번갈아 가며 살짝 두드려 줍니다. 자신을 평화롭게 해 주는 마음으로 두드려 줍시다. | |

## 3. Part 2 애도의 장(15~20분)

| 주제 | 발언 | 주의 사항 |
|---|---|---|
| 애도의 글 나누기 | '서언'(본서 24~27쪽) 함께 읽기 | |

| | | |
|---|---|---|
| **한 줄<br>마음 나누기** | 나누어 드린 용지에 5분간 최근의 사건 중 애도하고 기억해야 한다고 생각하는 것을 써 주세요. 이 시간은 우리가 함께 나누어야 할 슬픔과 애도에 관해 이야기를 나누려 합니다.<br><br>※ 준비물: '나는 _____를 애도한다.'라고 쓴 종이 등 | 각자 쓴 후, 설명하게 하거나 한 종이에 옆으로 돌아가며 모두 쓴 후, 사람을 정해 읽어보게 하는 방식도 좋습니다. |
| **함께 공유하기** | 자신이 쓴 문구를 바탕으로 모든 구성원이 소감을 나누려 합니다. 돌아가면서 이야기해도 좋고, 자발적으로 이야기해도 좋습니다. 단, 묻거나 반박하지 마세요. 모두의 느낌을 존중하며 들어 주세요. | |
| **애도를 위한<br>자애 호흡** | (들숨과 날숨에 따라 호흡하면서 다음을 함께 또는 진행자가 읽습니다. 한 호흡에 한 문구씩 읽어 주세요.)<br>내가 행복하고 평화롭기를<br>내가 괴로움과 고통에서 벗어나기를<br>내가 건강하고 자유롭기를<br><br>동료 교사들이 행복하고 평화롭기를<br>동료 교사들이 괴로움과 고통에서 벗어나기를<br>동료 교사들이 건강하고 자유롭기를<br><br>학생들이 행복하고 평화롭기를<br>학생들이 괴로움과 고통에서 벗어나기를<br>학생들이 건강하고 자유롭기를<br><br>교육, 학교와 관련된 모든 이들이 행복하고 평화롭기를<br>교육, 학교와 관련된 모든 이들이 괴로움과 고통에서 벗어나기를<br>교육, 학교와 관련된 모든 이들이 건강하고 자유롭기를 | |

## 4. Part 3 돌봄과 연대의 장(30분)

| 주제 | 발언 | 주의 사항 |
|---|---|---|
| <u>스스로 돕고 서로 돕고 함께 돕기</u> | '애도와 치유의 이야기 8: 선생님 자신을 돌보기' (본서 197~201쪽) 읽기 | 진행자 혹은 참여자가 함께 읽습니다. 한 줄씩 돌아가며 읽어도 좋습니다. |
| 한 줄 마음 나누기 | 나누어 드린 용지에 5분간 실천해야 한다고 생각하는 것을 써 주세요. 이 시간은 우리가 함께 실천해 나가야 할 것들 관해 이야기를 나누려 합니다. 한 달 안에 할 수 있는 실천으로 적어 주세요 ※ 준비물: '나는 나를 돌보기 위하여 실천할 것이다.', '나는 동료 교사 _____를 돌본다.', 나는 _____를 촉구한다.'라고 쓴 종이 등 | |
| 응원 격려 편지 쓰기 | 특정 교사를 정하고 그를 위하여 엽서에 간단한 응원과 격려 문구를 씁니다. ※ 준비물: 엽서 | |
| 마음을 모으고 정리하기 | 이제 마음을 정리하는 시간입니다. 이 시간에 함께 나누었던, 분노, 애도, 돌봄·서로 돌봄, 실천의 약속을 함께 정리하고 발표합니다. | Part 1~3 동안 써 두었던 모든 문구를 발표하도록 하되, 시간이 여의치 않다면 Part 3에서 활동한 문구만 나누어도 좋습니다. |
| 연대의 시간 | ・ 발표를 마치고 다시 전체 서클을 만듭니다. 전체 서클에서 함께 손을 잡고 연대의 소감을 한 단어씩 짧게 나눕니다. 그리고 크게 박수를 치고 서클을 마칩니다. <br> ・ 자신이 쓴 약속 열매를 약속 실천 나무에 붙입니다. <br> ・ 함께 사랑과 신뢰, 격려의 포옹을 나눕니다. | |

1 The Dougy Center, *Helping the Grieving Student: A Guide for Teachers*, Dougy Center, 2011, pp 6~8.

2 노먼 라이트, 『마음껏 슬퍼하라』, 금병달·김정진 옮김, 노란숲, 2014, 41쪽.

3 권용실, 「청소년 자살의 정신 의학적 접근」, 『2021 청소년 자살 예방을 위한 연구』, 열린민주당, 2021, 37쪽.

4 윌리엄 워든, 『유족의 사별슬픔 상담과 치료』, 이범수 옮김, 해조음, 2009, 54~72쪽.

5 위의 책, 73~85쪽.

6 육성필·박혜옥·김순애, 『현장에서의 위기 개입 워크북: 애도의 이해와 개입』, 피와이메이트, 2019, 31~33쪽.

7 윌리엄 워든, 앞의 책, 137~138쪽.

8 Alan D. Wolfelt, "The Mourner's Bill of Rights", https://www.centerforloss.com/2016/11/mourners-bill-rights(2023. 6. 3. 검색)

9 앨런 울펠트, 『애도의 여정에 동반하기』, 윤득형 옮김, kmc, 2021, 27~127쪽.

10 위의 책, 91~95쪽.

11 강용주, 「국가 폭력과 기념일 반응 그리고 치유」, 『2015년도 대한 소아 청소년 정신 의학회 세월호 참사 1주년 세미나 자료집』, 대한 소아 청소년 정신 의학회, 2015, 57쪽.

12 Edna B. Foa & Michael J. Kozak, "Emotional Processing of Fear: Exposure to Corrective Information", *Psychological Bulletin*, v. 99, n. 1, 1986, pp. 20~35.

13 Ralph L. Klicker, *Student Dies, A School Mourns: Dealing With Death and Loss in the School Community*, Taylor & Francis Group, 2000, pp. 1~4.

14 엘리자베스 C. 포메로이·르네 브래드포드 가르시아, 『애도 상담의 실제』, 강영신·이동훈 옮김, 사회평론아카데미, 2019, 98~201쪽.

15 The Dougy Center, 앞의 책, 9~10쪽.

16 육성필·박혜옥·김순애, 앞의 책, 92쪽.

17 The Dougy Center, 앞의 책, 24~28쪽.

18 윌리엄 워든, 앞의 책, 75~78쪽.

19 The Dougy Center, 앞의 책, 27~28쪽.

20 이주현, 『멘붕 탈출법 십 대를 위한 9가지 트라우마 회복 스킬』, 학지사, 2023, 45~100쪽.

21 파커 J. 파머, 『삶이 내게 말을 걸어올 때』, 홍윤주 옮김, 한문화, 2022, 121쪽.

22 The Dougy Center, 앞의 책, 19쪽.

23 NASP, "Addressing Grief: Tips for Teachers and Administrators", https://www.nasponline.org/resources-and-publications/ resources-and-podcasts/school-safety-and-crisis/mental-health- resources/addressing-grief/addressing-grief-tips-for-teachers-and- administrators (2023. 6. 3. 검색)

24 Rosalie O. Perea & Shirley Morrison, "Preparing for Crisis",

*Educational Leadership,* v. 55, n. 2, 1997, pp. 42~43.

25 Leslie J. Munson & Nancy Hunt, "Teachers Grieve! What Can We Do for Our Colleagues and Ourselves When a Student Dies?", https://www.researchgate.net/publication/299373064 (2023. 6. 3. 검색)

26 Ralph L. Klicker, 앞의 책, 37~52쪽.

27 한국 생명 존중 희망 재단, 「자살 유족 지원」, https://www.kfsp. or.kr/web/contents/contentView/?pMENU_NO=456 (2023. 9. 25. 검색)

28 Winston's Wish, "PSHE lessons on loss and bereavement", https://www.winstonswish.org/pshe-lessons/ (2023. 6. 3. 검색)

29 Kendra Cherry, "What Is Survivor's Guilt?", https://www.verywellmind.com/survivors-guilt-4688743(2023. 10. 10. 검색)

30 Iris Waichler, "Survivor's Guilt: Why It Happens & 7 Ways to Cope", https://www.choosingtherapy.com/survivors-guilt/ (2023. 10. 10. 검색)

31 윌리엄 워든, 앞의 책, 99~119쪽.

32 '2014년 경기도 생명 사랑 제17차 월례 포럼' 내용 중 일부를 저자(홍주연)의 허락하에 정리하고 재구성했습니다.

33 윌리엄 워든, 앞의 책, 119~123쪽.

34 APA, "Resilience", https://www.apa.org/topics/resilience (2023. 6. 3. 검색)

35 APA, "Growth after Trauma", https://www.apa.org/monitor/2016/11/growth-trauma(2023. 6. 3. 검색)

36 The Dougy Center, 앞의 책, 17쪽.

37 APA, 『DSM-5 간편 정신질환 진단통계편람』, 권준수 옮김, 학지사, 2018, 171쪽.

38 위의 책, 167쪽.

국내 문헌

- 강용주, 「국가 폭력과 기념일 반응 그리고 치유」,『2015년도 대한 소아 청소년 정신 의학회 세월호 참사 1주년 세미나 자료집』, 대한 소아 청소년 정신 의학회, 2015.
- 경기도 광역 정신 건강 복지 센터,『2014년 경기도 생명 사랑 제 17차 월례 포럼 자료집』, 경기도 광역 정신 건강 복지 센터, 2014.
- 권용실, 「청소년 자살의 정신 의학적 접근」,『2021 청소년 자살 예방을 위한 연구』, 열린민주당, 2021.
- 노먼 라이트,『마음껏 슬퍼하라』, 금병달·김정진 옮김, 노란숲, 2014.
- 리베카 솔닛,『이 폐허를 응시하라』, 정해영 옮김, 펜타그램, 2012.
- 앨런 울펠트,『애도의 여정에 동반하기』, 윤득형 옮김, kmc, 2021.
- 엘리자베스 C. 포메로이·르네 브래드포드 가르시아,『애도 상담의 실제』, 강영신·이동훈 옮김, 사회평론아카데미, 2019.
- 윌리엄 워든,『유족의 사별슬픔 상담과 치료』, 이범수 옮김, 해조음, 2009.
- 육성필·박혜옥·김순애,『현장에서의 위기 개입 워크북: 애도의 이해와 개입』, 피와이메이트, 2019.

- 이주현,『멘붕 탈출법 십 대를 위한 9가지 트라우마 회복 스킬』, 학지사, 2023.
- 파커 J. 파머,『삶이 내게 말을 걸어올 때』, 홍윤주 옮김, 한문화, 2022.


해외 문헌

- Foa, E. & Kozak, M., "Emotional Processing of Fear: Exposure to Corrective Information", *Psychological Bulletin,* v. 99, n. 1, 1986.
- Klicker, Ralph L., *Student Dies, A School Mourns: Dealing With Death and Loss in the School Community*, Taylor & Francis Group, 2000.
- Perea, R. & Morrison, S., "Preparing for a Crisis", *Educational Leadership*, v. 55, n. 2, 1997.
- The Dougy Center, *Helping the Grieving Student: A Guide for Teachers*, Dougy Center, 2011.


인터넷 문헌

- 한국 생명 존중 희망 재단,「자살 유족 지원」, https://www.kfsp.or.kr/web/contents/contentView/?pMENU_NO=456(2023. 9. 25. 검색)
- APA, "Growth after Trauma",  https://www.apa.org/monitor/2016/11/growth-trauma(2023. 6. 3. 검색)
- APA, "Resilience", https://www.apa.org/topics/resilience(2023. 6. 3. 검색)
- Cherry, Kendra, "What Is Survivor's Guilt?" https://www.verywellmind.com/survivors-guilt-4688743(2023. 10. 10. 검색)
- Munson, Leslie J. & Hunt, Nancy, "Teachers Grieve! What Can We Do for Our Colleagues and Ourselves When a Student Dies?", https://www.researchgate.net/publication/299373064(2023. 6. 3. 검색)
- NASP, "Addressing Grief: Tips for Teachers and Administrators", https://www.nasponline.org/resources-and-publications/

resources-and-podcasts/school-safety-and-crisis/mental-health-resources/addressing-grief/addressing-grief-tips-for-teachers-and-administrators(2023. 6. 3. 검색)

- Winston's Wish, "PSHE lessons on loss and bereavement", https://www.winstonswish.org/pshe-lessons/(2023. 6. 3. 검색)

- Wolfelt, Alan D., "The Mourner's Bill of Rights", https://www.centerforloss.com/2016/11/mourners-bill-rights/(2023. 6. 3. 검색)